泰國投資完全攻略

跟著Dr. Selena投資泰國房地產、 ETF、養老生活

提早實現財富自由

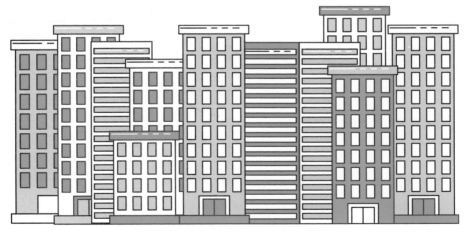

Dr. Selena | 美思國際房地產CEO
楊倩琳博士 | 林思妤   著

※ 特別聲明 ※
本書提及的所有資訊，如因政府政策及相關單位法規調整
而有異動，請以最新公告為準。

Chapter 5

泰勢正好！機會雲集的創投新據點

泰有潛力！
赴泰投資已成為新顯學

跳脫台灣框架！
投資本該布局全世界

D r. Selena 在 2022 年俄烏戰爭爆發後，身邊的有錢朋友們紛紛談論起海外投資及置產的規劃，有的朋友選擇投資置產美國，有的朋友選擇新加坡，有的朋友選擇澳洲，Dr. Selena 雖然沒有那些有錢朋友們擁有龐大的資產，但也開始考慮如何把手邊的資產做風險規劃及資產配置。

我為什麼選擇投資泰國？

剛好我的一位律師好友跟我說，她研究了海外國家長期居留，最容易申請的就是泰國，因此我們在 2022 年下半年，開始申請泰國的長期居留證。申請通過之後，我們兩人前往泰國報到，在過程中也認識了她的泰國華僑富商朋友，有機會在他的陪伴下了解更多泰國的投資機會！

　　泰國富商在泰國投資經商多年，本人在泰國設立公司多年，並擁有 40 多間泰國房子。泰國富商帶我們去參觀他的泰國房地產，發現他已經做到規模化的經營，有專門的人在協助物業管理。

　　聽完他的泰國包租公事業後，發現泰國曼谷捷運小資宅，居然**只要 200 ～ 300 萬就有機會輕鬆入手，而且租金的報酬率更是台北的 2 倍左右**，重要的是，泰國房子沒有公設比，所以買到的房子不像台灣會扣掉 30％左右的公設比。另外，泰國因為沒有地震，新大廈的公設都是超級豪華的，不管是無邊際游泳池、共享空間、健身房、兒童遊樂室……，豪華無比的公設，都讓人猶如身在高級大飯店度假般享受，而且停車位不用買，每個社區大概都有 40％左右的停車位，採誰先回誰先停的規則。

　　了解了這些曼谷房地產的優勢後，開啟了我對泰國房地產的興趣。後來自己飛了曼谷十多次，也認識更多從事泰國房地產的朋友們，其中一個好友是美思國際房地產的 CEO Maggie，她本身是泰國華僑，之前在澳洲念 EMBA，從事泰國房地產十多年，有著非常豐富的泰國房地產當地投資經

驗，我也從她身上成功學習到泰國房地產的投資知識及實戰經驗，在 Maggie 的協助下，我也順利購入了 5 ～ 6 間曼谷房子！

我的第一間曼谷捷運小資宅，選在曼谷最大的科技數位園區 true Digital Park 附近的度假型社區 S101，在我買入裝潢好一星期，就成功出租。租客是一名葡萄牙的工程師帥哥，**投資報酬率扣掉代租代管的費用後，還有將近 4.56% 左右的報酬率**，而為了放大每個月的租金報酬率，我又努力地研究泰國股市，發現泰國股市也有很多**高殖利率的投資工具**，比如 ETF 及 IFF，而我將每個月 1 號收到的 13,000 元的房租，直接定期定額購買泰國的高配息 ETF 0056（代碼：1D1V），希望能有機會讓每年收到的房租，多賺 4 ～ 5% 的報酬率回來！

別急著躺平，其實你能賺全世界的錢

2023 年一月我開始分享在泰國的房產或股市投資相關經驗後，引起了非常大的迴響，大家紛紛詢問我在泰國投資

房產或股市的一些實戰經驗，老師也做了幾集「小資變有錢」podcast，專訪採訪 Maggie。我分享的動機很單純，因為台灣長期低薪高房價的問題，許多小資族覺得人生可能無望，選擇直接躺平，但是 Dr. Selena 想讓大家知道，**除了台灣之外，世界上還有其他國家或地區可以投資**，而且如果你買的是預售屋，大概只要先付 20％左右，約 40 ～ 60 萬泰銖（大概 36 ～ 54 萬台幣），就可以有機會買到一間捷運小資宅，你的買房夢不一定在台灣，可能在曼谷就可以提早輕鬆實現！

　　小資族只要跳出台灣的框架，去看世界，你會發現可以投資的機會很多。不只在台灣，可能在東京或曼谷，但是因為東京的房地產相關稅賦，比泰國重很多，Dr. Selena 之前也有去日本熊本看房，仔細比較後，覺得在日本買房相對比較不適合小資入手。所以，老師持續分享泰國房市及股市投資的資訊，就是希望能夠幫助大家，獲得更多正確的泰國房地產及股市投資的知識，讓**小資族也能有機會布局海外房地產，賺全世界的錢！**

錢進泰國前
一定要知道的 20 件事

泰國是全球公認的微笑之國，是東南亞乃至世界上最受歡迎的旅遊目的地之一。從完美無瑕的沙灘到城市中的炫目霓虹燈，泰國應有盡有。這是一片充滿新商機的土地，也是跨國企業的中心，為外國投資者開啟了機會之門。

2024 年，泰達電（Delta Electronics〔Thailand〕）也是台灣台達電集團一員，其市值超越泰國國家石油公司（PTT），成為了泰國市值最大的公司。無論你是遊客還是海外投資者，泰國都有一些有趣事實，值得你花時間好好了解。

在我們決定投資泰國前，一定要對泰國有些基本認識，Dr. Selena 老師為大家整理了一些泰國的基本重要資訊，快速幫大家了解這個美好友善並具投資潛力的國家！

一看就懂！泰國資訊懶人包

1. 世界第50大國家

泰國位於東南亞大陸的中部，總面積為 513,120 平方公里（198,120 平方英里），與西班牙的面積相當。陸地邊界長 4,863 公里（3,022 英里），與緬甸、柬埔寨、寮國和馬來西亞接壤。這種軸心位置影響了泰國社會和文化的許多方面。

2. 泰國有近五分之一的人口生活在曼谷

截至 2023 年，泰國總人口約為 7,100 萬，其中有 1,170 萬人居住在曼谷。曼谷是泰國的首都，也是最大城市。

3. 曼谷曾被稱為「東方威尼斯」

泰國中部湄南河周圍的沼澤地帶，使得該國的首都建在高腳柱上，並使用複雜的運河系統作為交通水道，讓曼谷獲得「東方威尼斯」的稱號。如今，大多數運河已被填平，成為城市街道，但在城市老區或湄南河對岸的吞武里，仍有許多小船穿梭著的運河。

4. 泰國約有90%的人口信奉佛教&有超過35,000座寺廟

被稱為「寺廟」的佛教廟宇，不僅是禮拜場所，還是舉行宗教儀式、文化活動和教育的社區中心。佛教在泰國人的日常生活和儀式中，起著不可或缺的作用。

5. 世界頂級旅遊目的地

泰國在《泰晤士報》評選的，2024 年全球 20 個必訪目的地中，排名第 6，並且是唯一進入前十名的亞洲國家。2023 年，泰國的遊客到訪量約為 2,815 萬人，較前幾年大幅增加。

6. 全球第二適合數位遊民的國家

根據 ETHRWorld Bangkok 最近的研究，泰國曼谷在 2023 年被評為全球第二適合數位遊民的地方。這一認可突顯了曼谷對遠端工作者和數位創業家的吸引力。另外，曼谷擁有充滿活力的城市景觀、豐富的文化遺產，為那些尋求職業機會與高品質生活結合的人，提供了理想環境。該城市創新的聯合辦公空間、可靠的網路連接，以及多樣的美食和娛樂選擇，進一步確立了其作為全球數位遊民理想中心的聲譽。

7. 泰國擁有世界上最大的唐人街

全世界很多國家都有唐人街，包含美國、英國、澳洲……，但是大家可能不知道，曼谷的唐人街是世界上最大的唐人街之一，這裡有許多美味餐館、酷炫的商店和大量的中文招牌。

8. 曼谷擁有世界上最大的週末市場

每週六和週日，全球最大的週末市場在恰圖恰克舉行，擁有 15,000 個攤位，每週末有超過 200,000 名遊客造訪！這也是很多台灣人，去曼谷旅遊非去不可的景點之一！

9. 泰國是東南亞第二大經濟體

泰國的經濟在購買力平價（PPP）方面位居全球第 23 位，亞太地區第 9 位，東南亞第 2 位。2023 年，泰國的人均 GDP 為 7,801 美元，僅次於新加坡、汶萊和馬來西亞。

10. 泰國經濟的主要貢獻

截至 2023 年，製造業是泰國經濟的最高貢獻者，占經濟總量的 34%。其次是服務業（包括旅遊業）27%，商業 15%，房地產 13%，農業 9%。

11.泰國是全球失業率最低的國家之一

2023 年，泰國的失業率為 0.98％。泰國大部分人口處於勞動年齡，並且都有工作。約 46％的泰國居民從事服務業，另一大部分人口從事農業。

12.泰國的主要進出口國家

中國、美國和日本是泰國最大的貿易夥伴。按價值計算，最重要的進口類別是機械、化學品與相關產品、石油、鋼鐵與其他金屬，以及各類原材料。根據泰國出口統計數據，2021 年泰國前十位的出口商品是電子產品（14.59％）、電氣機械設備（12.90％）、汽車及零部件（10.86％）、橡膠（6.55％）、塑膠（5.09％）、珍珠、寶石及貴金屬（3.29％）、礦物油及燃料（3.22％）、腰果（2.07％）等。

13.泰銖是世界上第十常用的貨幣

泰銖是東南亞最強勢的貨幣之一。泰國是世界上最大的稻米、橡膠、汽車、電器和電子產品的出口國之一。這些出口使用泰銖進行交易，使其具有國際影響力。泰國也是旅遊觀光大國，每年有約 4,000 萬遊客訪問泰國（COVID-19 前數據）。大量遊客的到來，突顯了泰銖在全球的重要性。

14. 泰國被稱為「亞洲的底特律」

泰國是東南亞最大的汽車市場之一，2023 年汽車生產達到約 183 萬輛。與其他東盟國家相比，泰國是全球領先的汽車生產國之一。

15. 泰國成為印刷電路板（PCB）生產的關鍵中心

根據 DIGITIMES Research 的研究，泰國的 PCB 行業正在重塑全球供應鏈。過去幾年，許多 PCB 製造商在泰國投資，這也標誌著全球供應鏈的重大轉變。

16. 泰國是全球電子製造業中心

電子行業是泰國製造業中影響最大的行業之一。2022 年，電子產品是泰國的主要出口產品之一，價值超過 340 億美元，領先於其他主要產品組，如食品和電器。

17. 曼谷的大眾交通系統

目前有 10 條線路（總計畫為 15 條線路）；車站數量為 190 個，計畫總數為 310 個。有 4 個主要運營商：

- BTS 空鐵：由 BTS 集團控股運營的 3 條線路，包括素坤逸線（Sukhumvit line，淺綠色線）、是隆線（Silom line，深綠色線）和昭納克線（Charoennakhon line，

金色線）。

- MRT 線：大眾捷運系統 4 條完全運行的捷運線，包括藍色線、紫色線、黃色線和粉紅色線。
- SRT 紅線：紅線是服務於泰國曼谷大都市區的通勤鐵路系統，分為深紅線和淺紅線兩條線路。
- 機場快線：曼谷的機場鐵路連接市中心和素萬那普（Suvarnabhumi Airport）機場，覆蓋 28 公里，共有 8 個車站。

18. 泰國有300～400萬外國人居住和工作

截至 2024 年，估計有 300 ～ 400 萬外國人居住和工作在泰國，其中大多數來自鄰國。曼谷是最受外籍人士歡迎的居住地之一，這裡是一個文化多元、價格實惠和現代化的國際都市。作為泰國的首都，曼谷擁有高濃度的外國人口。

19. 泰國有175所國際學校

泰國的 175 所國際學校分布在 18 個城市，其中 118 所在曼谷，包括 38 所英式學校、21 所美式學校和 23 所國際文憑（IB）學校。過去 15 年來，越來越多的英國知名學校，如 Harrow、Shrewsbury、Rugby、Wellington 和 King's College

Wimbledon 進駐泰國，吸引了本地和中國市場。這些學校被視為送孩子去英國留學的折衷選擇，通常比香港的學校更便宜。

20. 泰國是美食天堂，擁有 447 家米其林餐廳

泰國是享譽世界的美食愛好者的天堂。2024 年泰國米其林指南展示了總共 447 家餐廳：7 家獲得兩顆米其林星，28 家獲得一顆米其林星，196 家獲得必比登推介（Bib Gourmand），以及 216 家米其林推薦餐廳。

為何泰國能成為
「東南亞最閃耀新星」？

我們選擇投資一個國家的房地產，等於我們認同這個國家未來的經濟發展前景，所以我們要對泰國的經濟有更深入的了解：泰國目前擁有 7,100 萬人口，位於東盟經濟共同體的中心，這是一個擁有 6.717 億消費者的 10 國東南亞共同市場。泰國是東南亞第二大經濟體，也是整個東南亞最閃耀的新星！

根據國際貨幣基金組織的數據，2024 年泰國人均國內生產總值（基於購買力平價）估計為 23,708 美元。除了與快速發展的鄰國柬埔寨、寮國、緬甸和越南（CLMV 國家）的良好連接外，泰國還因其世界級的空中、陸地、海上和鐵路運輸基礎設施，可以輕鬆抵達鄰近的兩個經濟強國——中國和印度。泰國還擁有優秀的數位連接、高技能的勞動力和出色的生活水準，使得泰國在綜合成本效益方面極具吸引

力。此外，**加上泰國政府的全面政策和投資激勵措施，使得泰國成為東南亞首選的投資地點。**

目前泰國是充滿活力和快速增長的全球經濟中心，已成為尋求擴展業務的國際公司的中心。泰國地理位置優越，自然資源豐富，消費市場蓬勃發展，為各類製造業提供了豐富的機會。吸引製造商前往該地區的原因，還包括政府所提供的誘人激勵措施。從電動汽車到電子元件，再到電器，泰國是製造和生產的理想地點。

在投資泰國之前，我們應該進一步深入了解該國在經濟上的相關表現，此舉也能對其未來的國家發展計畫，有更完整的概念。

① 商業環境友好

泰國在 2023 年《美國新聞與世界報導》全球最佳國家排行榜中，位列第 29 位，在全球 85 個參評國家中，泰國在冒險（第 5）、動向（第 8）、商業開放（第 9）和遺產（第 9）等類別中排名靠前，顯示了其作為全球投資機會領先目的地

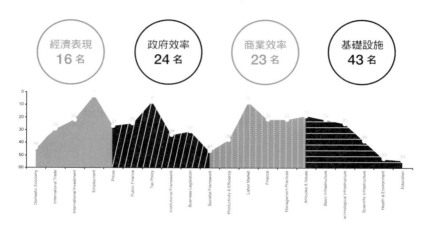

圖表1　泰國在 2023 年 IMD 世界競爭力中排名 30

資料來源：泰國投資促進委員會辦公室

的潛力。

　　憑藉強勁的經濟增長率、不斷增加的全球影響力和對創新的承諾，泰國已成為尋求新機會的投資者的理想之地。此外，泰國在《美國新聞與世界報導》的最佳國家榜單中，創業（第 2）和適合舒適退休的最佳國家（第 18）類別中，也有令人印象深刻的排名。這些出色的排名，證明了泰國的商業友好環境和負擔得起的生活成本，突顯了其作為企業家和

圖表 2 泰國在世界的各項排名

第 1
東協頂級生質柴油生產商

第 3
世界生質塑膠出口國

第 1
亞洲頂級全球衛生安全（GHS）

第 5
世界頂級生質柴油生產商

第 5
世界最大醫療旅遊市場

第 1
東協汽車出口國

第 2
全球最大硬碟機出口國

資料來源：泰國投資促進委員會辦公室

退休人士心中理想目的地的地位。

在 2023 年 IMD 世界競爭力排名中，泰國在 64 個經濟體中排名第 30 位。其強勁的經濟表現（第 16）、高效的政府（第 24）和注重商業效率（第 23），共同提升了其競爭力。雖然基礎設施排名第 43 位，但從整體表現可看出，其作為一個前景看好的商業目的地和高生活品質的潛力。

泰國是東南亞國家中最大的汽車出口國，也是世界第 2

大硬碟機生產國。在生質柴油生產方面，泰國排名世界第 5
和東協第 1。同時，約翰霍普金斯大學在 2021 年全球衛生
安全指數中，將泰國評為全球衛生安全排名第 5 和亞洲第 1
的國家。

② 醫療體系完善

根據 CEOWORLD 雜誌 2021 年的一項調查，泰國的醫
療體系在全球 89 個國家中排名第 13，超過了許多著名的歐
洲國家，如挪威、德國和瑞士，以及大多數其他亞洲國家，
除了韓國、台灣和日本。

約翰霍普金斯大學最近一份研究報告指出，泰國在 195
個國家中，衛生安全排名第 6，並在 2019 年 11 月的全球衛
生安全議程指導小組會議上，被報告為唯一進入全球前十的
發展中國家，且在亞洲國家中排名第 1，評有 73.2 分（總得
分為 100 分）。泰國的醫療行業由全國 23 家認證機構提供
支持，報告顯示全國每 10,000 人中有 29.3 名醫護人員。隨
著東協致力於加強區域內工人流動，預計包括護士、牙科醫

生和醫師在內的醫療行業專業人員數量，將進一步增加。

③ 泰國是世界廚房

2019 年，泰國在全球農業總產值排名第 12，是世界第 4 大糖生產國和第 6 大稻米生產國，同時也是天然橡膠和合成橡膠的全球最大生產國之一，大部分生產品都是用於出口。根據世界銀行提供的統計數據，2021 年泰國在全球木

圖表3 泰國是世界的廚房

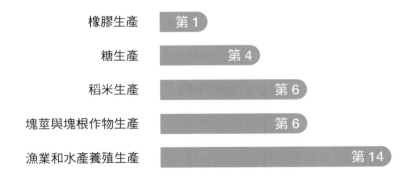

橡膠生產　第 1

糖生產　第 4

稻米生產　第 6

塊莖與塊根作物生產　第 6

漁業和水產養殖生產　第 14

資料來源：泰國投資促進委員會辦公室

薯、鮪魚罐頭和鳳梨罐頭出口中名列第 1。此外，泰國在稻米出口中排名第 2，在糖出口中排名第 3。泰國約有 9,000 家食品加工公司，約占泰國食品出口總額的 52％，以及泰國製造業總產值的近 15％。作為世界上最大的食品淨出口國之一，泰國在 2022 年食品出口項目，創下了 387.7 億美元的紀錄。

④「經濟 4.0」驅動產業轉型

Dr. Selena 這一兩年常前往曼谷看房，也注意到泰國這幾年的快速進步及發展，更注意到泰國「經濟 4.0」這個重要的計畫及影響。以下跟著 Dr. Selena 快速了解一下泰國經濟 4.0 計畫：

「泰國經濟 4.0」是整個泰國外資政策與產業規劃方案的統稱，泰國政府非常有系統性地擘畫出未來的國家發展目標、重點投放領域，希望將泰國從「1.0」的農業，「2.0」的輕工業，「3.0」的重工製造業，再進一步推升為「4.0」的創新導向製造業。

泰國身為東南亞第二大經濟體，實施工業 4.0 有可能徹底改變製造業和工程行業，提高生產力、效率和競爭力。

根據泰國工業部編寫的 20 年工業 4.0 戰略（2017 ～ 2036 年），目標在於推動工業 GDP 年增長率至少 4.5％，工業部門投資年增長率至少 10％，出口增長率至少 8％，全要素生產率（TFP）年增長率至少 2％。這些都是為使泰國能於 2036 年躋身高收入國家，而推動的擴張目標。

泰國政府也選擇了十個新的目標產業，希望能夠作為新的和更可持續的增長引擎。這十個產業被平均分為兩個部分，也就是 5 個 S 曲線和 5 個新 S 曲線產業。五個 S 曲線產業包括新一代汽車、智慧電子、富裕、醫療和健康旅遊、農業和生物技術以及未來食品。新 S 曲線產業則是新興的高科技產業，有望成為重要的長期增長驅動力，包括製造業機器人、醫療中心、航空和物流、生物燃料和生物化學品，以及數位產業。

泰國經商必備的 8 個商業思維

如果你正在考慮將業務擴展到泰國、開展合資企業，或在該國進行重要的商務會議，那麼了解泰國的商業文化是非常重要的。當地的習俗可能與你所熟悉的不同，當你希望讓合作夥伴留下深刻印象時，必須避免犯下文化錯誤。以下是有關泰國商業文化的重要建議，不妨了解一下，將有助於商務往來。

從建立個人關係開始

建立良好的商業關係，是泰國經商最重要的因素。總體來說，泰國文化比其他國家更為平易近人。人們可能會問你很多個人問題，但這只是了解你的方式之一。要在泰國建立成功的商業關係，你需要保持開放和坦誠。在泰國人同意與

你做生意之前，他們會希望先與你建立個人關係。他們需要信任你，並與你產生共鳴。

第一次會面涉及比較多的可能是餐飲和娛樂，而不是工作業務。透過談論泰國商業人士感興趣的事，並對他們的生活表現出真誠的興趣，有助於提升個人魅力。

● **問候**

在泰國，典型的問候方式是合十禮，就是將雙手合掌並稍微低頭鞠躬。你也可以微笑並輕輕點頭，表示尊重和友好。初見新朋友時，這是非常合適的表達方式之一。

● **語言**

對於在泰的商業人士來說，懂一些泰語是比較有優勢的，因為許多服務生、計程車司機不會說英語。此外，當一個「外國人」嘗試說他們的語言時，會贏得泰國人的很大尊重。

男性和女性有不同的禮貌用語。無論你與誰交談，都應該根據自己的性別來做結尾。男性用「khrap」，女性用「kha」來結尾，可用於打招呼、感謝或表達完整的句子和問題。如果不這樣做，會被認為是不禮貌。

- 階級

像許多亞洲國家一樣，泰國尊重階級制度，多數人對長者非常尊重。人們會試圖確定你在階級中的位置，以便給予適當的尊重。你可以透過名片，讓與你接觸的人確定你的位置，名片上應清楚顯示你的職位和在公司的角色。

- 談話要點

與泰國商業人士交談時，應保持尊重。在稱呼上級時宜使用「Khun」一詞，相當於先生、女士和小姐。在別人說話時，則要避免打斷。

不要對任何泰國政治人物發表負面評論，也不要像開玩笑似地嘲弄與你交談的人，避免對方當真。此外，也不要直接糾正別人。

- 宗教和皇室

泰國人非常重視宗教，對宗教的虔誠程度，從一年當中的各種宗教節日中可見一斑。應盡量避免與泰國人討論宗教，也不要做出任何冒犯性的言論。此外，泰國人對皇室抱有最高的敬意──儘管國王沒有憲法權力，仍在社會結構中處於最高地位。根據泰國法律，以負面方式談論泰國皇室，

就是刑事犯罪。

● 禮貌和間接溝通

在泰國的工作文化中，禮貌非常重要，保持尊重和和諧的氛圍必不可少。一般來說，直接反駁或直言不諱的溝通方式是不受歡迎的。泰國人的溝通方式往往是間接的，強調保全面子和維護關係，這表示他們習慣以暗示或建議的方式來傳達訊息，而不是透過明確的聲明。

● 娛樂

娛樂是泰國人建立商業關係的重要方式之一。聚餐時通常由主辦人請客，分攤帳單的模式並不常見。贈送小禮物也是很常見的方式，收到商業夥伴的禮物時，不要立即拆開，泰國人認為私下再開才是有禮貌的行為。

● 其他應注意的商業文化

泰國人認為頭部是身體最神聖的部位。因此，應避免觸摸他人的頭部或頭髮。腳是最不受尊重的部位，應避免用腳推門或移動物品。佛教僧侶是受高度尊敬的人物，絕不能觸碰他們。大多數泰國人是佛教徒，並且對他們的宗教非常認真。應避免與佛像自拍，並且要尊重宗教物品。

〔投資實戰 Ⓐ 房地產〕

30 未滿，
也能輕鬆成為跨國包租公

瘋買房！2 優勢告訴你到底在夯什麼

優勢 ❶ 後疫情時代，買氣不減反增

　　泰國房地產市場在近幾年表現相當亮眼，儘管經歷了 2020 年新冠肺炎疫情的衝擊，但在政府一系列的振興措施和開發商的靈活調整策略下，市場仍然維持了一定的熱度。根據《彭博》4 月引述，泰國政府住房銀行（GHB）管理的泰國房地產資訊中心（REIC）的數據顯示，泰國 2023 年總共售出 14,449 套公寓，總價值達 732 億泰銖（約 658 億台幣），比 2022 年成長了 25％。

　　同時報導說，中國地區的買家去年在泰國搶購了 6,614 套公寓，總值達 341 億泰銖（約 300.7 億台幣），幾乎占泰國全國已售公寓總數的 46％，成為泰國房產最大的外國買家，也將當地房產需求推升至高於疫情前的水平。

● 曼谷房地產市場熱度不減

泰國政府於 2017 年啟動「**泰國 4.0**」計畫，第 1 階段 5 年所選定的電動車業、智慧電子業，及高端醫療保健旅遊業等 10 大目標產業，還有數位經濟、智慧機械與自動化等 5 大新興產業，**讓泰國「東南亞製造」的名號享譽全球，吸引全球資金蜂擁而至，因此地產價值逐年攀升。**

曼谷作為泰國的首都和最大城市，是泰國政治、經濟、貿易、交通、文化與各方面的中心，同時是泰國房地產市場的焦點。曼谷面積是 1,569 平方公里，相當於台北市的 5.7 倍，不過曼谷是一個平原，房屋供給量可以不斷往外圍擴張出去，所以**投資買房置產建議以市中心為主，不僅城市建設完善、捷運系統方便，也是投資需求最強勁的地方。**

近年來，隨著城市化進程的加快和經濟的持續發展，曼谷房地產市場需求旺盛，尤其是在市中心和靠近地鐵站等交通樞紐的區域，新開發項目不斷湧現，房價也持續上漲。

● 外國買家神助推

得益於宜人的氣候、相對低廉的生活成本和完善的基礎設施，泰國一直是備受外國買家青睞的置業目的地。根據報

導，2023 年 1～12 月，外國人公寓過戶量為 14,449 套，價值 731.61 億泰銖；中國客戶仍是外國公寓持有量和過戶價值的第一大群體，比例分別為 45.8％和 46.7％；俄羅斯位居第二，比例分別為 8.7％和 6.1％；美國買家在購買量上以 4.4％的比例排名第三；緬甸則在過戶價值上以 5.1％的比例排名第三，每套房的平均價格最高為 660 萬泰銖；而英國客戶的平均公寓面積最大，達到 56.5 平方米（泰國用平方米為單位，換算台灣坪數約為 1/3 坪）。

中國買家 2023 年已在泰國搶購了 6,614 套公寓，總值達 341 億泰銖（約 300.7 億台幣），幾乎占泰國全國已售公寓總數的 46％，成為泰國房產最大外國買家，也讓泰國地房產需求彈升，甚至超過疫情前的水平。

● **泰國房地產政策利多**

為了進一步促進房地產市場的發展，泰國政府近年來祭出了一系列獎勵政策。例如，對泰國首次購房者提供稅收優惠，對外國買家放寬住房貸款限制等。這些政策措施有效地刺激了房地產市場的需求，為市場的持續增長提供了有力支撐。

優勢 ❷ 漲幅穩定，升值空間大

● 經濟持續增長帶動房市向好

隨著泰國經濟的持續復甦和增長，預計未來幾年，泰國房地產市場仍將保持良好的發展勢頭。根據泰國國家經濟和社會發展委員會的預測，**2022 ～ 2026 年泰國經濟將保持年均 4 ～ 5% 的增長率**，這將為房地產市場的發展提供強勁的經濟基礎。

● 基礎設施建設利好房市

泰國政府近年來大力推進基礎設施建設，包括機場、高速鐵路、公路等一系列重大項目。為了迎接更多外國旅客，泰國政府持續擴建 4 個國際機場，位於曼谷的素萬那普機場將增建一個衛星航廈，預計 2024 年就可以啟用，素萬那普機場的吞吐量，也將從每年 4,500 萬人次增加到 6,000 萬人次。

同時，根據國際航空運輸協會（IATA）數據指出，泰國至 2031 年約可達到 2 億國際旅客人次。泰國政府大力建設基礎設施，將極大地改善泰國的交通條件和投資環境，積

極促進房地產市場的發展。預計在新的交通樞紐和城市副中心，房地產市場將迎來新一輪的發展機會。

● **養老地產和度假置產成新藍海**

隨著全球高齡化趨勢的加劇，泰國憑藉其優越的自然環境和低廉的生活成本，成為越來越多退休人士的首選養老目的地。同時，泰國作為全球知名的旅遊勝地，度假地產市場也有很大的潛力。未來，**養老地產和度假地產有望成為泰國房地產市場的新藍海，吸引更多開發商和投資人。**

● **技術創新賦能房地產行業**

隨著網路科技、大數據、AI 等新興技術的快速發展，未來房地產行業將加速與科技創新相結合。線上房源平台、VR 看房、智能家居等一系列技術應用，將為泰國房地產行業帶來全新的發展動能，提升行業運營效率和客戶體驗，推動邁向高品質的發展。

在政策利好、經濟向好、需求旺盛等多重利好因素的共同作用下，未來幾年泰國房地產市場將保持平穩向好的態勢，尤其是在曼谷等核心城市和熱點區域。然而，**投資人仍需理性看待市場風險**，審慎做好投資前的評估研究。

Note

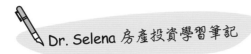

6 個優勢，投資曼谷房產趁現在

　　去歐洲旅行的，每到一個新城市，Dr. Selena 都習慣研究一下當地的房價。從瑞士日內瓦、伯恩、蘇黎世，到慕尼黑、波隆那、米蘭……均有涉獵，我發現比起其他國際大城市，台北市的房價真的不算便宜。以我姐居住的瑞士洛桑來看，這幾年因為歐盟人口自由流動的關係，有很多法國、東歐的人搬到瑞士，造成瑞士房價高漲，一房難求。

　　我姐曾分享，他們在瑞士看屋時，曾經看過一個房子要賣，一早仲介就接到上百通電話，買個房子要跟上百組人競爭，壓力也是很大。不過，以國民所得比換算一下，台北市的房子還是比瑞士貴些。看了歐洲許多大城市的房價後，真心覺得泰國曼谷的房子價格親民許多，這也是我最後選擇在曼谷投資置產的原因。

　　以下整理了六個曼谷房產的優勢：

圖表 4　曼谷房產六大優勢

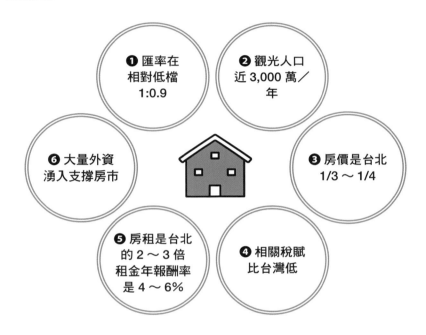

1. 匯率在相對低檔

之前泰銖兌台幣曾經 1：1，現在大概 1：0.89 左右（1：0.9）。

2. 泰國觀光及經濟發展

2024 年迎來超越疫情前的觀光人潮，大概 2,700 萬人（有機會回到疫情前的 3,000 ～ 4,000 萬人）。

泰國的經濟成長也有望在 2024 年擴展到 3.7%。根據路透社報導，泰國央行首長塞塔普（Sethaput Suthiwartnarueput）表

示，由於泰國經濟復甦良好，幾乎不需要採取任何刺激市場的手段。

3. 房價約為台北的1/3，並擁有超豪華五星級的公設

在泰國，房價普遍比台灣房價便宜 1/3 左右，比如在曼谷市中心的豪宅，房價大概一平方米 20 ～ 30 萬之間，換算台灣一坪房價，大約在 60 ～ 90 萬之間。**重點是，在泰國買的房子都是實坪，沒有公設比，所以實際室內面積，大概也多了 30% 以上。更重要的是，在泰國買房不用花錢買車位，因為一般社區都會有 40% 左右的停車位，採誰先回誰先停的制度。**

而且曼谷因為沒有地震，所以新建案的公設都超級豪華，公共設施通常多達 20 ～ 30 項，包含空中游泳池、空中花園、空中健身房、共享空間、直播室……，讓人以為住在五星級大飯店，居住品質及品味都是無可挑剔！

4. 買賣房的相關稅賦比台灣低

在泰國，買賣房屋的相關稅，都比台灣低。詳細的整理請參考本書後續章節 p.100。

5. 房租是台灣的2倍

曼谷一般房租收益年報酬率大概 5 ～ 6% 之間，**扣掉代租代管後大概有 4 ～ 5% 左右，相比台北 2% 左右，平均房租收益大概是台北的兩倍。**之前 Dr. Selena 在台北辛亥捷運站有一

豪華的空中游泳池，既夢幻又讓人能一覽城市美景。

間 700 多萬的捷運小資宅，每個月的資金報酬率大概 13,000 元台幣左右；現在 Dr. Selena 在曼谷 S101 社區花 300 萬台幣購買的園區宅，租金收入也大概是台幣 13,000 元左右。

6. 外國投資湧入支撐房市發展

根據 2022 年泰國投資促進委員會（BOI，Board of Investment of Thailand）統計，全球有將近 1,000 多家企業，陸續移至泰國申請註冊公司，投資總額超過 4,300 億泰銖。密集的勞動人口市場成長，將提升泰國購屋及租屋居住的需求。

相較於台北房價，曼谷的置產投資優勢更多。

一看就懂！外國人在泰置產限制

在泰國買房確實是一個不錯的選擇，不論是自住、養老，還是純粹為了投資，泰國房地產市場都存在巨大的潛力和機會。但是，作為外國人在泰國買房，我們一定要提前了解相關的條件和限制，以免上當受騙或者觸犯法律。接下來，Dr. Selena 就來為大家詳細介紹，外國人在泰國置產需要注意的相關細節。

哪些房型可以合法購買？

1. 公寓

在泰國，外國人可以 100％合法持有永久產權的公寓（Condominium）。根據泰國法律，一棟公寓項目中，**外國人的購買比例上限為總面積的 49％，泰國人要持有 51％以**

上。也就是簡單說，如果一棟公寓樓有 100 套同樣坪數的房子，外國人最多可以買 49 套。

2. 住宅用地

雖然泰國法律禁止外國人直接購買土地，但是外國人可以透過以下幾種方式，合法擁有住宅用地：

- **透過在泰國註冊的有限公司購買土地，但外資持股比例不得超過 49％，且要有至少 2 名泰國股東。**
- **以租賃的方式獲得土地的使用權，租期最長可達 30 年，到期後可以續簽，但總租期不得超過 90 年。**
- **與泰籍配偶共同購買土地，並註明土地為共同財產。**

不可不知的 3 個風險

1. 法律和政策變動風險

外國人在投資泰國房產時，一定要密切關注相關政策動態，必要時諮詢專業人士意見，以規避潛在的法律和政策風險。

2. 開發商和海外房地產仲介商相關風險

泰國房地產市場龍蛇混雜，一些不良開發商和中介機構，會利用信息不對稱誇大其詞，甚至捲款跑路，給購房者帶來損失。因此，**外國人買房一定要選擇口碑良好、實力雄厚的十大大型開發商，避免上當受騙。**

3. 匯率和貨幣風險

泰國實行外匯管制政策，泰銖也會有波動，這給外國人投資泰國房產帶來了一定的匯率風險。如果泰銖大幅貶值，將給以外幣計價的房產投資帶來損失。同時，資金進出泰國也會受到一定限制，影響投資的靈活性。

綜上所述，外國人想在泰國買房，一定要提前做好功課，全面了解相關政策法規，並仔細評估自身需求和風險承受能力，選擇口碑良好的合作夥伴，審慎做出投資評估及決策。只要做好風險防範，遵守當地法律，泰國房地產仍然是一塊充滿商機的投資藍海。

Dr. Selena 房產投資學習筆記

建立 2 觀念，
小資也能輕鬆當房東

很多人好奇，問老師為何近年會積極在曼谷買房？我的回答是：都是為了「**資產配置及分散風險**」。

自從 2022 年 2 月俄烏戰爭發生後，加上這幾年兩岸地緣政治緊張的氛圍，老師身旁的富人朋友們，紛紛把部分資產移往海外投資布局，有的人投資美國房地產，有人投資希臘房產，有人則投資日本房地產。

2022 年年底，老師的律師好友邀請我，跟她一起申辦泰國長期居留簽證，所以我們多次前往曼谷辦理相關文件，包含長期居住地址及銀行開戶。

定期定額購買 ETF，輕鬆放大收益

又因為泰國富商朋友有 40 多間房子在曼谷出租，老師發

現曼谷三捷運小資宅，居然只要 200 多萬泰銖就可入手（如果是預售屋大概只要先付 40 ～ 50 萬就可以），比起台北昂貴的高房價，150 ～ 200 萬在台北大概還買不起一個停車位或廁所。曼谷的小資宅價格，真的讓人覺得好親民。

此外，**曼谷的租金報酬率大概能有 4 ～ 5% 左右（加上老師將每月收到的房租，再定期定額購買泰國高配息 ETF，每年有機會多賺 4 ～ 5%），2 ～ 3 年後這筆錢就能成為下一間房的頭期款。**

看了泰國富商朋友輕鬆當曼谷包租公之後，從此開啟了我在曼谷買房置產的念頭，於是我一年飛了七、八次曼谷去看房，拼命努力地研究，並熱心分享資訊給我的朋友及粉絲們。

我的想法是，**資產配置及避險觀念很重要，這不只是有錢人的專利而已，小資族應該也要學習**。所以兩年前開始，我在粉絲團上分享，希望可以幫助大家**跳出台灣的框架，建立國際視野，了解海外投資的相關專業知識**，讓大家知道，買房這個夢想不限於在台灣實現，在海外其他國家，也許只要花 200 ～ 300 萬，就能輕鬆實現買房夢！

不要只侷限在台灣，投資布局可以放眼全世界。

曼谷買房前一定要知道的 5 件事

相信很多人都對投資泰國房地產興趣十足，特別是在曼谷。作為泰國的政治、經濟、文化中心，曼谷一直以來都是外國投資者的必爭之地。近年來，隨著泰國經濟的快速發展，曼谷房地產更是以驚人的速度增值，深受投資客青睞。如果你也想在小資的情況下投資曼谷房產，那可要擦亮眼睛，好好看下去囉！接下來，我就從選址、房型、開發商、稅費等方面，和大家分享曼谷房地產投資的終極攻略，讓你不到 30 歲，就能在曼谷購置人生的第一套房產。

① 地段就要這樣挑

曼谷幅員遼闊，各區域發展差異較大，房產投資首要考慮的就是地段。選擇一個潛力區域投資，可以讓你的資產

圖表5　曼谷值得關注的房產投資區域

類型	檢查項目
素坤逸 （Sukhumvit）	素坤逸是曼谷最著名的商業區之一，區域內有多座高檔辦公大樓、購物中心、星級酒店和高級公寓，大量外籍人士聚居於此。這裡有 BTS 多條重要線路經過，交通非常便利。由於需求量大，素坤逸公寓的出租率和租金回報都相當可觀，投資潛力巨大。
是隆／沙吞 （Silom／ Sathorn）	是隆／沙吞區域是曼谷最知名的金融中心街區，很多跨國銀行和大型企業的總部都設在這裡。白領精英的進駐，帶動了高端住房的剛性需求，公寓的出租和轉售都十分容易。知名建案如 The Monument、The Met、The Ritz-Carlton、Supalai Icon 都位於此。高端市場需求旺盛，租金和房價漲幅穩健。無論是投資自住還是出租，都是性價比極高的選擇。
素坤逸外區 （Sukhumvit Outer）	該區域是指自輕軌 E10 Bang Chak-E13 Bangna 站之間的這段區域。 不同於曼谷其他區域，該區域新興基建眾多，Punnawithi 區是泰國政府 4.0 經濟計畫下的網路和電子商務區，而 True Digital Park 的位置就在 BTS Punnawithi 站6號出口附近。

類型	檢查項目
	曼谷 Punnawithi 雖然不屬於曼谷傳統金融區或高尚住宅日本人區，但在泰國 4.0 計畫的推動下，該區的地價升值空間亦不俗。距離 Punnawithi 只有一站的 Udom Suk ，亦有亞洲最大綜合商場 Bangkok Mall 正在建築中，相信在落成後亦會為該區的房價帶來升值空間。從小資捷運宅到中端建案都聚集於此，為本地剛需居住區，隨著曼谷城市的不斷擴大，未來也頗具增長潛力。
拉瑪九 （Rama 9）	該區域算是曼谷後來的新興區域，以 MRT Phra Ram 9 站為中心向外輻射，是曼谷經濟崛起的一個新 CBD（中心商業區，Central Business District），主要是保險、證券等和金融有關的產業。很多知名商辦大樓都集中此區，例如 G tower 及 Unilever。由於中國大使館也在此區，所以華人較多，很多中國人喜歡買這個區域的房子。 拉瑪九位於曼谷東北方向，有藍色地鐵線行經，主要站點包括：拉差達（Ratcha-dapisek）、Rama 9、輝煌站、泰國文化中心站等。

圖表6 曼谷四大熱門房產投資區

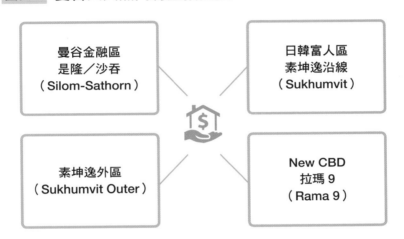

曼谷金融區 是隆／沙吞 （Silom-Sathorn）	日韓富人區 素坤逸沿線 （Sukhumvit）
素坤逸外區 （Sukhumvit Outer）	New CBD 拉瑪9 （Rama 9）

保值增值，還可帶來穩定的租金回報。那麼在曼谷，哪些區域最具投資價值呢？圖表5和6將詳細說明。

② 新房 VS 二手房，如何選擇？

在曼谷，你會發現大多數外國人都偏愛購買新房，而不是二手房。新房除了裝修設施更加現代化，售後服務更有保障，投資風險也相對更小。很多新項目都是名牌開發商打造

圖表 7 依未來國際城市發展而規劃的曼谷地鐵圖

① 東協交通交匯區

DENiM
JATUJAK

BTS Mo Chit
1.2公里 公園時尚宅
緊鄰邦蘇特區潛力無限
總價 270 萬銖起

② 東協交通交匯區

THE PRIVACY
JATUJAK

BTS Ha Yaek Lat Phrao
MRT Phahon Yothin
步行 5 分鐘到 BTS/MRT
恰圖恰森林公園景觀宅
總價 330 萬銖起

③ 觀光中心

ADDRESS

BTS Ratchathewi
150米 鄰近 SIAM
購物商城 地段無可取代
總價 770 萬銖起

④ 左岸商業區

CHAPTER ONE
spark
CHARAN

MRT Bang Phlat
150米
四通八達連接 7 條捷運
總價 190 萬銖起

⑤ 曼谷 CBD

ANIL
SATHORN 12

BTS Saint Louis
到站即可到家 曼谷華爾街
Sathorn 金融文化中心
總價 1300 萬銖起

⑥ 曼谷 CBD

RHYTHM

BTS Saphan Taksin
捷運 10 分鐘
河畔景觀宅
總價 700 萬銖起

⑦ 核心日商區

HYDE
HERITAGE
THONGLOR

BTS Thong Lo
300米 低密度國際社區
成屋立即收租
總價 840 萬銖起

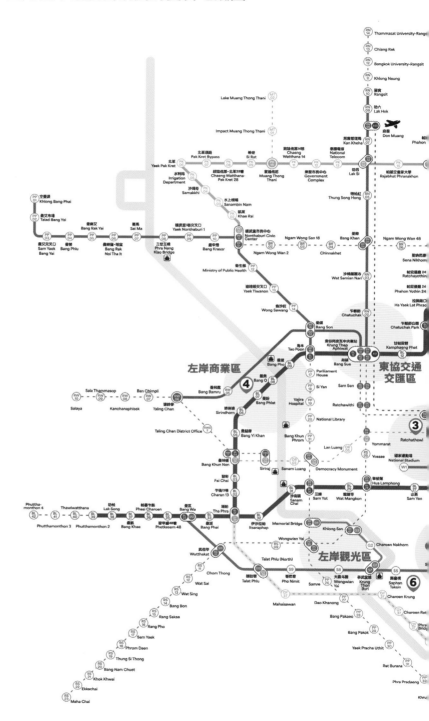

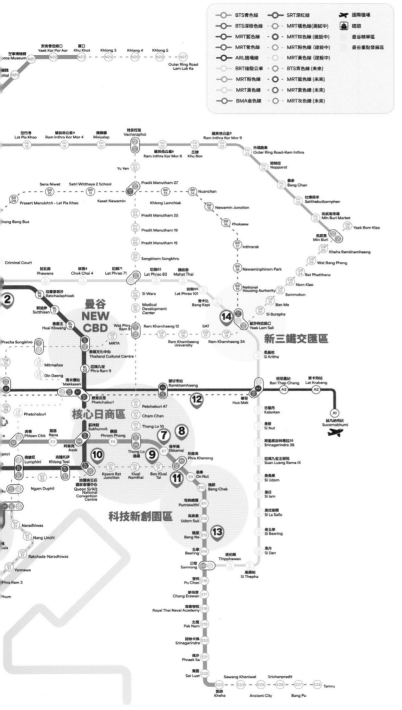

BTS青色線　　SRT深紅線　　　國際機場
BTS深綠色線　MRT橘色線(測試中)　碼頭
MRT藍色線　　MRT粉色線(建設中)　曼谷精華區
MRT紫色線　　MRT粉色線(建設中)　曼谷重點發展區
ARL機場線　　MRT綠色線(建設中)
BRT接駁公車　BTS青色線(未來)
MRT粉色線　　MRT藍色線(未來)
MRT黃色線　　MRT紫色線(未來)
BMA金色線　　MRT灰色線(未來)

曼谷
NEW
CBD

核心日商區

新三鐵交匯區

科技新創園區

⑧ 核心日商區
RHYTHM
EKKAMAI ESTATE
BTS Ekkamai
1公里 Donki Mall 旁
泰國最受歡迎建商 AP
總價 680 萬銖起

⑨ 核心日商區
IDEO
SUKHUMVIT・RAMA4
BTS Phra Khanong
350米 快速直達曼谷十大
商場 勝於一切
總價 399 萬銖起

⑩ 核心日商區
Life
RAMA4 ・ ASOKE
**MRT Queen Sirikij
Convention Centre**
步行 6 分鐘到捷運
曼谷中心 Rama 4 – Asoke
總價 456 萬銖起

⑪ 科技新創園區
blue
Sukhumvit 89
BTS On Nut
步行 5 分鐘
位於 Sukhumvit 89
總價 270 萬台幣起

⑫ 核心日商區
THE
TREE
PATTANAKARN・EKKAMAI
ARL Ramkhamhaeng
300米到藍康漢機場快線
5分鐘車程到Ekkamai日商區
總價 212 萬台幣起

⑬ 科技新創園區
IDEO
MOBI
SUKHUMVIT EASTPOINT
BTS Bangna
250米可到捷運
湄南河景觀住宅
總價 299 萬泰銖起

⑭ 新三鐵交匯區
IDEO
RAMKHAMHAENG
LAMSALI STATION
MRT Yaek Lam Sali
50米即可到達捷運站
3條捷運交會・3個捷運站
總價 211 萬泰銖起

資料來源：美思國際房地產

的精品公寓，**無論是自住還是出租，新房絕對是你的不二之選**。選擇地段一定要慎重再慎重，好的地段加上良心的物業管理，才是房產保值增值的基石。

③ 如何選擇可靠的開發商和海外房地產仲介商？

曼谷房地產市場的供應鏈條很長，開發商、海外房地產仲介、貸款機構、物業管理等各個環節，都關乎著你的投資成敗。尤其是開發商的選擇，更是關鍵中的關鍵。畢竟大家在台灣都聽說過「爛尾樓」的故事，在海外投資買房，風險只會更大。

那麼如何選擇可靠的開發商呢？我建議大家可以**重點關注泰國前 10 大上市開發商**，它們大多有多年的開發經驗和良好的市場口碑，代表著泰國房地產的最高標準。像 Ananda, Sansiri, AP Thai, Supalai 等大牌開發商，它們的項目品質和交付速度都有保證，基本上不用擔心爛尾的風險。

除了開發商，房產中介的選擇也很關鍵。**一個專業、負**

責的海外房地產仲介商，**不但要幫你找到優質房源，還會協助你搞定看房、簽約、過戶等一系列購房事宜。**因此大家在選擇海外房地產仲介商時，一定要貨比三家，看重的是專業度和口碑，而不是一味地重視業績。

總之，只要小心謹慎步步為營，相信你一定能在曼谷這塊投資熱土上，收穫屬於自己的一間夢想家園。

④ 租金回報預期要理性

大家在投資曼谷房地產之前，一定要先問問自己，買房的主要目的是什麼？是要養老、度假，還是純粹投資收租？**不同的投資目標會決定你選擇房產的類型、地段、房型，乃至裝修風格。**

打個比方，如果你是為了自住度假，可能會更看重社區環境、配套設施、生活便利度等因素。買一套精裝修的現房，拎包即可入住，也可省掉不少裝修費用。

但如果你是衝著出租和未來房產增值考量，那更應該多算算投資報酬率。有些香港和台灣的投資者，往往對曼谷房

產的租金回報率抱有不切實際的幻想。他們單純把曼谷房價與香港、新加坡做橫向對比，就覺得租金回報率動輒可以達到 7 或 8%。

但事實上，**曼谷核心區域的公寓，租金回報大多在 4 或 5%左右**，超過 6%的項目其實並不多。所以提醒各位，**對曼谷房產的租金回報率一定要理性預期**，大家買房前一定要多方打聽市場行情，詳細計算投資回報率，不要輕易地被開發商和海外房地產仲介商畫的大餅所迷惑。

⑤ 慎防匯率、貸款等潛在風險

在曼谷買房，匯率和貸款風險也是不得不提的話題。泰國對外匯管制較為嚴格，而目前泰銖跟台幣的匯率變化相對穩定。你在匯錢買房的時點，匯率的高低可能會直接影響你的投資成本。

此外，曼谷的房貸政策對外國人也不太友好。**除非你在泰國有穩定收入，否則銀行一般不會貸款給你**。即使幸運申請到房貸，利率也要比本地人高出好幾個百分點，貸款成數

也大打折扣。這意味著你在曼谷買房，基本只能靠自己的自有資金。後面將進一步介紹外國人該如何貸款買房。

　　所以，再次提醒大家，**在曼谷房產投資一定要量力而行，不要盲目使用高槓桿。匯率和房貸都是隱性成本，一定要提前仔細考慮進去。**如果你手上沒有足夠多的現金，最好還是先緩一緩，別讓房子成了你的沉重經濟負擔。

　　總而言之，曼谷房產雖然充滿機會，但也暗藏不同的玄機。大家既要冷靜分析，也要積極作為。選擇一個可靠信賴的海外房地產服務商，做好完善的泰國房產投資計畫，才能在異國他鄉開啟自己的買房置產夢想。

房產投資致富的 6 大關鍵

　　之前跟了幾個商界的好友們一起去曼谷看房子，他們都在多年前開始投資泰國房地產，經過三年的疫情後，再次回到曼谷，順便查看自己手邊已投資房地產的狀況。其中一個在南非經營事業有成的 H 大哥，他在 2018 年買 BTS Ekkimai 捷運站建案，那時 1 平方米（泰國用平方米，大概 1/3 坪），入手價大概 14 ～ 15 萬泰銖，現在那邊已經漲到 18 ～ 20 萬了，如果加上每個月 4 ～ 5％的租金，合起來的報酬率大概 30％＋20％（4 年租金），這些年合起來約 50％，平均年化報酬率為 8％左右。

　　另一個朋友 K 小姐，是媒體公司高階主管，她在疫情前買了一間新房子，然後一直都很順利出租，沒中斷過（也是 4 ～ 5％報酬率）。看了他們在曼谷置產投資經驗後，加上我自己這一兩年的泰國房產投資實戰，我歸納出在曼谷買房投資致富的六大關鍵。

圖表 8 小資族投資曼谷房產致富 6 關鍵

掌握 6 關鍵,買房致富不求人

1. 投資前是否了解自己海外置產的目的

在海外置產有很多不同的目的,比如說養老、為小孩的教育(念國際學校)、海外避險、資產配置……,目的不同,房地產標的選擇就會不同。我的一個朋友長期在曼谷工作,就為了小孩買了一間在國際學校旁的新建案,目的只是便於小孩念書時可以在新房休息,所以離國際學校近、交通便利,就是他的主要考量。因為投資目的不同,最後建案的選擇考量也有所不同。像我自己,就是從海外避險+資產配置+期望收租+退休養老為主要目的來考量。

2. 你的主要投資目標（收租、等增值……）

曼谷常住人口中，泰國人大概 1,100 萬，外派來曼谷工作或經商的外國人大概 200 ～ 300 萬，所以只要在有大量工作機會及交通便利的地方，加上建案好（公設佳）、交通方便、生活機能好，一般房子都不會太難出租。像我的曼谷第一間房子 S101，因靠近東南亞最大數碼園區 True Digital park 附近，裝潢好後也是一個多星期就順利出租，房客是外派園區的葡萄牙工程師。

3. 房地產的案件選擇評估

俗話說 location 為王，**買房子挑選最重要的第一因素，就是地點**。曼谷我主要會挑 BTS 日韓富人區附近，或是 New CBD（新的商業區），也就是以曼谷的蛋黃區或是蛋黃區旁邊的蛋白區為主（比如 on nut 安奴站），因為地點就決定了是否好出租，以及未來增值的潛力。

曼谷每年有非常多新建案，如何才能挑到容易出租及會增值的好房子，我覺得以下這三點是最基本的要件：**近捷運＋工作機會多＋生活機能好**（如有購物中心、國際學校、醫院、公園……）。

曼谷目前已興建完成的有 10 條捷運，2023 年 6 月黃色線通車，12 月粉紅線試營運中，之後預計還有 5 條陸續會通車。不過就像台北的板南線、信義線、文湖線等，都是比較早通

車，也是比較在台北市蛋黃區的路線；而曼谷的 BTS、MRT 藍色線也是比較主要的路線，所以，也不代表曼谷建案附近有捷運就是好的投資選擇，還要看是不是離曼谷市中心近、生活機能如何等因素去做綜合考量！

4. 房地產建案的獨特性及稀缺性

像老師在 2023 年年底，跨海成功搶到在 iconsiam（暹羅天地）附近新建案——AP 的 iconic，就創下 2023 年曼谷銷售的最快紀錄，幾乎上市 2 ～ 3 天就賣了 7 ～ 8 成，而外國人份額不到一個月，也幾乎全售罄。當初老師也看了在大使館區的另一個新建案，那個建案本身條件也是蠻好的，除了自己很喜歡 iconsiam 商場及建案本身外，另外考量的其中一點，就是案子本身的稀缺性，因為 iconsiam 商場幾乎已經變成曼谷新地標，泰國觀光局的跨年煙火也選在這邊施放。另外可以參考的是，附近有個河岸建案，從一開始預售 30 萬漲到 60 萬，許多曼谷人覺得錯過了這個漲一倍的建案，所以很多泰國人在 iconic 公開銷售的前一晚，便徹夜排隊搶買。

5. 挑到俱潛力的蛋白區

我的泰國房地產朋友跟我分享一個經典例子。當初 BTS on nut 站原本是垃圾掩埋場，泰國建商在那邊先買了地，那時新建案 1 平方米好像才 7 ～ 8 萬，現在大約是 11 ～ 12 萬了。主要原因就是曼谷發展得越來越好，當人口越來越多時，就會

慢慢從市中心往外擴張，而 BTS 的日韓富人區，就是從 Thong Lo（東羅站）往 Ekkamai 站，再往 Phrakanong（帕卡農）站到 on nut（安奴站），原本的蛋白區會慢慢變成潛力蛋白區，甚至變成蛋黃區。

6. 挑到俱增值潛力的預售屋

在曼谷買房，有時買預售屋也是一種不錯的選擇，但是最好挑選的是泰國十大開發商的案子，比較有保障。因為只要先付大概 **15 ～ 30% 的頭期款，剩下的尾款可等 2 ～ 3 年蓋好後再繳清，而且很多預售屋在潛銷時最便宜**，隨著時間過去，會看銷售狀況調漲售價。比如我之前買的一間預售屋，因為有未來三捷運，附近生活機能好，半年間價格也調漲上去 10％左右。

因此，在泰國買房，有人賺錢也有人賠錢，因為海外房地產存在一定程度的投資風險。在曼谷買房會不會致富，我想就取決於你是不是有做好功課及研究，對於自己的投資目標是不是清楚，這些相關的重要因素，才是影響你會不會成功在曼谷房產賺錢的原因。

投資有賺有賠，就取決於是否有做好功課。

曼谷最值得投資的 4 種房型

相信大家對投資曼谷房地產已經躍躍欲試了。作為東南亞最具活力的都市之一，泰國的首都曼谷擁有多元的產業結構、豐富的人口紅利、完善的基礎設施，房地產市場潛力巨大。

然而，面對如此龐大的市場，很多投資新手往往會感到無從下手。究竟曼谷哪些房型最具投資價值？哪些房型最容易出租和轉售？別著急，讓我們一起來探索曼谷房地產投資的奧祕。

盡管每個區域的房型特點不盡相同，但從投資的角度來看，以下幾種房型可能更容易出租和轉手：

房型	說明	投資評比
一房／Studio	面積在 28 ～ 35 平方米左右的小戶型，一直是曼谷市場的剛需。這類房源總價低、租金回報率高，非常適合預算有限的單身白領。尤其是一些附帶家具家電，拎包就可入住的精裝修房源，更容易受到青睞。	★★★★★
兩房	兩居室是曼谷最主流的戶型，市場需求十分旺盛。對於有孩子的家庭或是合租的年輕人來說，兩居室空間剛剛好，性價比很高。建議選擇朝南、視野開闊、採光良好的戶型，更容易吸引租客。	★★★★
挑高樓中樓／Loft	對於追求生活品質的租客來說，複式和 Loft 是兼顧空間和品味的不二之選。挑高的客廳、開放式廚房、精裝修配置，給人前衛時尚的居住	★★★★

	體驗。尤其是一些帶陽台花園和私人泳池的頂層複式，簡直是曼谷租房市場的超級搶手貨。	
景觀房	無論是面河還是望城，景觀一直是曼谷房產的賣點之一。一覽曼谷天際線的視野，既能彰顯房子的格調，也能提升居住舒適度。尤其是一些高層的 270 度全景大宅，更是租售兩相宜的稀缺品。	★★★★

　　當然，房型的選擇還是要結合區位、價格、品質、物業等因素綜合來考量。好的房型只是錦上添花，but location is the king（地點才是最重要的）。大家在選擇投資房型時，還是要回歸市場需求和未來規劃。畢竟一分價錢一分貨，好房子不一定是最貴的，而是最適合自己的。以下提供各房型參考圖。

（上）（下）圖片提供：Dr. Selena 楊倩琳博士

（上）圖片提供：美思國際房地產
（下）圖片提供：Dr. Selena 楊倩琳博士

AUSTRALIA

圖片提供：美思國際房地產

景觀房

圖片提供：美思國際房地產

圖片提供：Dr. Selena 楊倩琳博士

綜合考量多項因素，仔細衡量房產投資的回報率，才能當個快樂
的收租公。

6 個提醒，
不盲目跟風才能提高勝率

從 2022 年解封後開始，Dr. Selena 持續分享小資泰國房地產投資，這 1 ～ 2 年也飛來曼谷十多次，看了上百間房子。不過，近期有觀察到曼谷房地產的一些現象，老師想整理成重點提醒大家：

1. 投資前先確認自己海外置產的最大目的

在海外置產有很多不同的目的，比如說養老、為小孩的教育（念國際學校）、海外避險、資產配置……，每一種目的不同，房地產標的選擇就會不同。像我的一個朋友，長期在曼谷創業並娶了泰國老婆，他買了大概 6 ～ 7 間房子，每一間的目的都不相同，有的為投資增值，有的是為了收租。最近他跟我說買了一間國際學校旁的預售屋，目的只是為了小孩念書時可以在新房休息，所以離國際學校近、交通便利就是他的主要考量。 每個人的投資目的不同，最後對於買房的選擇考量也可

能大不相同，如前所述，老師自己就從海外避險＋資產配置＋期望收租＋退休養老為主要的考量因素。

2. 確認你的主要投資目標（收租、等增值）

曼谷常住人口中，本國人大概有 1,100 萬，外派來此工作或經商的外國人大概 200 ～ 300 萬，所以只要在工作機會多及交通便利的地方，再加上建案好（公設佳）、生活機能好，一般房子都不致太難出租。不過租金報酬率扣掉代租代管，大概就是 4 ～ 5％間。像我的房子及姐姐的房子，都是裝潢好一週內就出租，租金報酬率在 4 ～ 4.5％左右，這個報酬率對會投資理財的人而言，老實說並不算高，因為投資股票或 ETF 的報酬率可能都高出很多，甚至投資高配息 ETF 或債券 ETF 都有 6 ～ 8％左右，但是我們很清楚選擇投資曼谷房地產的主要原因，就是想將手邊的資產做些多元配置及分散風險。

3. 藝人或網紅推薦的不一定最適合你

近期有許多藝人或網紅分享一些曼谷新建案，也為一般人提供了不同的資訊參考，但每個人投資海外房地產的目的及投資目標不同，所以選擇的房產原因也不相同。要記住，**適合別人的不一定適合你，還是要好好做功課審慎評估，保持獨立思考的空間**。畢竟，曼谷房子雖然比台北便宜，但一間房子也要幾百萬，大家的錢都是辛辛苦苦存下來的，因此必須好好做研究才能出手。

4. 案件仔細選擇評估，不貪小便宜

曼谷每年推出非常多新建案，前面提過，挑選容易出租及會增值的好房子，我覺得近捷運＋工作機會多＋生活機能好這三點是最基本的，另外要特別提醒大家，有些新建案樣品屋會設在很熱鬧的市中心，但實際的建案可能不在那邊，而是在較遠的地方；又或者有成屋打 7 折賣，大家不要貪小便宜，因為這有可能是把價格漲價後再降價，一定要特別注意這點。

5. 新建案未來價格走勢評估

曼谷每年有很多新建案，新建案未來價格是否會上漲，取決於許多因素，這些因素包含該地區相關建案的供給、買家的實際購屋需求、其他建商建案的訂價、該區域出租需求、該區域未來的交通建設發展……。

通常，新建案推出在潛銷期（也就是 VVIP 先挑選過的）時房價最便宜，之後建商會依買氣及附近其他建案價格做參考，分階段再調漲價格；但有時房價走勢呈相反，例如因為買氣不如預期或是其他新建案價格更低，使得建商有壓力，反而在交屋後價格會下殺。所以，在買房時也要把這些綜合因素一一考慮進去，再做最後評估。

6. 了解該國未來經濟走勢

房地產是一個國家經濟的火車頭，所以選擇投資某一國的房地產，某種程度代表你認同該國未來經濟發展前景。**隨著泰**

國經濟的持續復甦和增長，預計未來幾年，泰國房地產市場仍將保持良好的發展勢頭。

　　根據泰國國家經濟和社會發展委員會預測，2022 ～ 2026 年，泰國經濟將保持年均 4 ～ 5％的增長率，這將為房地產市場的發展提供強勁的經濟基礎。

　　最後再次提醒，任何房地產市場都有人賺錢或賠錢，海外房地產也存在一定程度的投資風險，投資房產是否得以致富，我想取決於你對自己的投資目的是否夠清楚，以及是否有做好功課。不要盲目跟隨別人，而是清楚地分析、評估，做足準備後才下手，這樣一來，相信你的投資勝率會大幅提升許多。

好的開發商，
就是嚴格把關第一線

隨著疫情解封後，泰國的觀光及經濟再次起飛，基礎建設交通得到大大改善，地產市場發展欣欣向榮，吸引了來自世界各地投資買家的目光，紛紛到泰國置業。很多華人對曼谷買房有興趣，但投資泰國物業需要注意什麼事呢？有意在海外買樓，卻又擔心上當受騙，該怎麼辦？以下為你介紹泰國十大地產開發商。

認識泰國十大開發商

1. Ananda Development

Ananda Development Public Company Limited（或稱 Ananda），註冊號為 0107554000119，在泰國證券交易所證券代碼為「ANAN」，成立於 1999 年，致力於房地產開發業務。

公司於 2011 年轉為上市公司，並於 2012 年在泰國證券交易所上市。近年許多新開案中，很多都和日本三井集團合作共同開發。

Ananda 憑藉於 2007 年首次推出的「IDEO」，和 2012 年第一季度首次推出的「IDEO MOBI」等品牌產品，取得了成功。時尚、現代、高品質且價格實惠的特色，使得 Ananda 品牌成為曼谷最知名的房地產開發商之一。

2. AP（Thailand）

AP 泰國的頂尖開發商，成立於 1991 年，是泰國十大頂級上市品牌房企之一。主打高層公寓項目，地塊以布局在中心地段大馬路旁的項目居多，以專業、細緻、嚴謹的開發和服務理念著稱，現已建成交付 180 多個項目。

AP 是一家非常有遠見，並且敢於創新的公司。旗下品牌眾多，涉及公寓、別墅等，尤其擅長商業運作及地塊選址。旗下很多別墅項目的位置較普通開發商的公寓項目好，都處於曼谷的幾大商業中心 CBD，或者輕軌或地鐵沿線，也非常受外國投資客歡迎（交易代碼：AP）。近年許多新開案中，很多都和日本三菱集團合作共同開發。

3. Origin Property

Origin Property Public Company Limited 是一家泰國住宅房地產開發商，專門從事公寓、獨立式住宅的開發。一些項目是與日本房地產開發商野村房地產控股公司合資的。

公司成立於 2009 年，2015 年註冊為上市公司。Origin 計畫目前的品牌包括 Park Origin、Origin Play、Soho Bangkok 和 Knightsbridge。該公司還擁有 Holiday Inn & Intercontinental 酒店、Staybridge & Ibis 酒店。

4. Noble Development

Noble Development（諾博集團）成立於 1991 年，並於 1997 年在泰國證券交易所上市，是泰國房地產領先的開發商之一。該公司強調以設計和建築美學，來反映現代人對與眾不同的生活體驗的需求，並且擅長於在具備開發潛力的區域規畫新建案，以及提供物業租賃、管理等多項服務。

5. Land and Houses（LH）

Land and Houses 成立於 1983 年，已經在泰國成功上市，多次被選為泰國最值得信賴的別墅發展商之一。一開始主要以別墅為主，其後將業務範圍拓展至公寓項目，LH 目

前單棟獨立屋項目主要坐落於曼谷及其鄰近地區，以及泰國其他主要城市，如清邁、華欣、普吉島等地。

6. Pruksa Real Estate

Pruksa Real Estate Public Company Limited（又稱普夏地產）是目前泰國十大地產發展商之一。Pruksa Real Estate 成立於 1933 年 4 月 20 日，其地產總部位於泰國首都曼谷。Pruksa Real Estate 於泰國證券交易所上市，旗下共有 30 個品牌項目，有公寓、別墅（獨棟別墅、整排別墅）等，超過 100 個優質開發項目。除了在泰國發展地產項目，印度和馬爾代夫均有開發海外物業項目。

7. Frasers Property（FPT）

星獅房地產（泰國）公共有限公司（簡稱 FPT）是泰國最大企業集團之一——星獅房地產集團的子公司，這是一家跨國房地產與物業管理公司，業務範圍涵蓋商業和商業園區、旅館、工業和物流、住宅和零售等類別。泰國上市公司股票代號為 FPT，母集團為 TCC Group。

8. Sansiri（尚思瑞）

尚思瑞在泰國房產業有超過 30 年的發展經驗，在全泰

國有數百個不同的事業及建案，當中包括兩間酒店，以及在倫敦等海外國家的住宅項目。豐富的地產經驗，使其成為泰國公認出售優質房屋、別墅和公寓的發展商之一。不僅是泰國唯一提供全方位服務的地產發展商，對旗下項目也力求為住戶提供較高的生活品質，打造出精心設計、做工精良的住宅，以滿足不同住客的需求。

9. SC Assets Corporation

SC Assets Corporation 身為泰國大發展商之一，旗下物業大部分都有全面的配套和極佳的建築品質，深受泰國物業投資人士的歡迎。雖然該公司曾受股價牽連，總資產比其他發展商稍為遜色，但由於 SC 進駐地產業已有多年歷史，其實力還是毋庸置疑的。

10. Supalai（素帕萊）

素帕萊是目前泰國十大地產發展商之一，成立於 1989 年。地產項目遍布全泰國，除了在曼谷，還有普吉、清邁等地方。素帕萊除了發展房地產項目外，還有發展酒店及度假村等項目。該公司資本實力雄厚，獲利能力相當強，更多次被選為最值得信賴及最佳的地產發展商，信譽良好。

背景調查不可少

　　一個可靠值得信賴的泰國開發商，首先要有雄厚的資金實力，以及良好的運營管理能力。我們可以從以下幾方面來考察：

　　1. 上市情況：在泰國證券交易所上市的房企，在資金、運營、信用等方面都受到嚴格監管，風險相對較低。Ananda、Origin、Sansiri、AP、Supalai、Pruksa 等都是上市大型房產集團。

　　2. 開發年限：房地產行業是一個慢週期行業，經得起市場考驗的老牌房地產商，抗風險能力更強。像 Pruksa 成立 30 多年，AP Thai 也有 20 多年歷史。

　　3. 業務規模：手上在售項目多、土地儲備充足的房地產商，擴張持續性就更強。

　　4. 銀行授信：能獲得多家大型銀行長期項目貸款的房企，資金鏈更有保障。曼谷銀行、大華銀行都是值得關注的合作方。

圖表 9　知名的十大地產開發商

1	Ananda Development
2	AP（Thailand）
3	Frasers Property（FPT）
4	Land and Houses（LH）
5	Noble Development
6	Origin Property
7	Pruksa Real Estate
8	Sansiri（尚思瑞）
9	SC Assets Corporation
10	Supalai（素帕萊）

＊依英文字母順序排列

　　總之，大家在選擇開發商時，**除了看重「高大上」的品牌形象，更要看背後的財務能力**。只有長期穩健經營的那些開發商，才是評估泰國置產投資的好選擇。

5 步驟買好房，審慎評估不踩雷

當你對泰國房地產市場有了初步了解，對心儀的項目也有了初步篩選後，是時候進入實際的購買流程了。作為一名海外投資者，掌握泰國房產交易的流程和節奏，可以讓你的購房之旅更加順利和省心。下面 Dr. Selena 就為大家介紹泰國買房的詳細流程，力求做到環環相扣，讓你對整個泰國房地產交易過程，有個全面而清晰的認識。

Step 1　當地實地考察

在你下定決心在泰國買房之前，**我建議你一定要抽時間去實地考察一下心儀的項目。**再漂亮的樣品屋、再美好的宣傳片，都不如親眼所見來得真實可靠。

從房型設計到景觀規劃，從配套設施到園區管理，你都

需要透過親身體驗來感受一番。畢竟俗話說得好：眼見為憑，千萬不要在沒看房的情況下，匆忙做出購買決定。

在考察過程中，可以順便了解一下周邊的生活配套，感受一下社區的人文氛圍。在你動心之前，一定要多看、多問、多比較，才能找到最適合自己的那個。即便當下不方便出國，你也可以請在泰國的朋友或海外房產仲介商，幫你實地看房。總之，不要輕易下單。

Step 2　簽訂預訂合約

當你對心儀的項目和房源已經有了充分了解，接下來就可以簽訂預訂合約（Reservation Agreement）。這份合約主要是為了鎖定房源，防止房子被其他買家搶走。

通常在簽預訂合約時，你需要支付一筆定金，金額在 5 ～ 10 萬泰銖不等。**需要特別注意的是，這筆定金在正式簽約時可以抵扣房款，但如果你中途反悔不買了，定金一般是不退的。**

簽訂預訂合約的同時，開發商或房產中介還會提供一份

標準的英文版買賣合同給你參考。這份英文合約就是最終正式版的雛形，建議你**可以請教一下律師，了解合同的主要條款，尤其是一些限制性條件。必要時你還可以和開發商商議，修改對你不利的條款。**

記住一點，**簽預訂合約之前，一定要確保開發商具備合法的土地使用權和建設許可證**。最好請律師幫你調查一下項目的合法性，以免遭遇煩人的產權糾紛。

Step 3　正式簽約

當你籌齊了首付款，就可以準備正式簽約了。簽約儀式一般分為三步：

第一步：你需要仔細閱讀泰文和英文版的買賣合約，確保沒有與之前英文版預訂合同不一致的地方。一旦發現問題，要立即提出，請開發商解釋或者修改。

第二步：在雙方都確認合同內容無誤後，就可以正式簽字蓋章了。通常你會被要求簽署兩份合同，分別由買方、賣方各持一份。

　　第三步：支付首付款。如果你申請了房貸，銀行會在放款時將首付款直接匯給開發商。如果你是全款買房，則需要當場將首付款匯入開發商指定帳戶。

　　簽完合同拿到收據後，過戶交房仍需時日。你可以讓海外房地產仲介商或者律師幫你保管好合同和收據，並協助前往驗屋，定期追蹤項目進度，準備交房手續。

Step 4　過戶交房

　　簽完買賣合同後，就進入了購房流程的最後一個環節：過戶交房。這個環節主要涉及兩個步驟：申請產權轉移和辦理房屋交接。

　　首先，會請你簽立委託書，再由開發商前往土地廳，辦理過戶手續，產轉移登記手續費，通常由買賣雙方平均分攤。

　　一旦產權轉移登記完成，你就可以拿到兩樣東西：永久產權證（Chanote）和房本（Tabien Baan）。**永久產權證是你房產的永久權屬證明，代表你擁有這套房子的完全所**

有權；而房本則類似於國內的房產證，記錄了房產的基本訊息，需要隨身保管。

Step 5　售後事宜

　　雖然買房流程到此就算完成了，但投資的旅程才剛剛開始。為了讓你的泰國新居保值增值，你還需要做好售後管理和服務。有了永久產權證和房本，就可以前往泰國銀行開立本地帳戶，後續的收租及繳納管理費用，就可以依此帳戶來進行管理。若你購買的是預售屋，也可以拿合約前往銀行開戶。

　　泰國的大多數公寓項目都有完善的物業管理，你需要按月或按年**繳納一定的物業服務費**，費用大約在每平方米 50 ～ 80 泰銖之間。準時足額繳納物業費，不僅能確保社區環境的整潔有序，也是維護房產權益的重要保證。

　　其次是**房產保險**。雖然泰國法律沒有強制要求，但我還是建議你給房子保上一份財產保險，尤其是針對火險等自然災害的險種。萬一遇上不測，也好有個保障。**如果你平時不**

常來泰國，不妨考慮請一個當地的物業代理公司，幫你打理這些售後事宜。他們可以幫你定期巡查房屋，代繳物業費和房地產稅，必要時還可以幫你出租管理，一箭多雕。

如果你喜歡動手且能力強，想要全程參與打理，那就更好不過了。畢竟誰都不會比自己更用心，對吧？投資海外房產，歸根結底是在經營自己的一項投資事業，只有精心經營，才能讓自己的投資成功致富。

Dr. Selena 房產投資學習筆記

4 評估重點，
找到最適合海外房地產公司

　　小資該如何選擇海外房地產公司，以下歸納挑選評估的幾個考量：

1. 泰國及台灣都有公司

　　最好在台灣及泰國都有公司，也都有懂中文、泰文的工作人員，能提供專業的協助。

2. 有認識的人介紹，口碑比較好確認

　　我的英國同學，他們一家買了 5 間曼谷房子，她介紹她的海外房地產公司──美思國際房地產公司的老闆 Maggie 給我認識。她說她們服務好又專業，在台灣及曼谷都有公司，在兩個國家都有懂中文及泰文的專人協助。

3. 可提供全方位的買房服務（包含之後物業管理協助）

　　另外，從看屋、交屋、驗屋、簽約，甚至之後的代租物業管理，美思國際房地產公司都可以全面協助，我的英國同學跟

我，買了兩個一樣社區 S101 的房子，她的房子比較早交屋出租（也是美思協助），她跟我說她的房子居然 2 天就租出去了，每年租金報酬率大概有 4 ～ 5%左右（我們都是想買房長期收租 4 ～ 5%＋每月收到房租再定期定額買泰國高配息 ETF＋未來長期投資，等房子健康增值）。

4. 廠商對於曼谷房地產的長期專業及在地資源

後來老師特別飛了曼谷十次實際看房子，也同時跟另外兩家海外房地產廠商接觸，幾次長時間親自接觸美思國際房地產的 CEO Maggie（她是從小在曼谷長大的華僑，在澳洲念 EMBA，有 10 多年泰國房地產投資的經驗），聽她分析介紹泰國曼谷房地產趨勢及區域，覺得她很熱情又非常接地氣，並且兼具專業，於是後來也跟 Maggie 成為朋友，每次去曼谷都會約一起吃飯，聊聊曼谷房地產的趨勢及發展。

拒絕爛尾樓！如何挑選泰國海外房地產商？

當你下定決心在泰國投資房產時，如何選擇一個值得信任的海外房地產商，就成了頭等大事。畢竟在異國他鄉，人生地不熟，如果碰到不良開發商或者黑心中介，那你的血汗錢可就打水漂了。相信很多人都聽說過「爛尾樓」的慘案，在海外投資，風險會更大。那麼在眾多龍蛇混雜的泰國房地產商中，我們該如何篩選出真正值得信賴的合作夥伴呢？

3 要點，確認仲介商是否合法

　　泰國房地產中介行業，目前還缺乏統一的准入制度（編按：指一間公司被允許銷售產品或服務至另一個國家的條件）和行業標準，水平參差不齊。因此，大家在選擇中介公

司時，一定要查看其是否具備合法的營業資質：

1. 公司註冊：是否在泰國商務部（DBD）完成公司註冊，取得正式的營業執照。可在 DBD 網站上查詢。

2. 品牌聲譽：是否與泰國排名靠前的開發商保持長期戰略合作，代理大型知名社區。可在開發商官網查詢其銷售代理公司。

3. 合規經營：是否有固定的辦公場所，配備專業的置業顧問團隊，不是一人公司。

像美思國際房地產公司，就已獲得相關資格認證，與開發商合作關係穩固，具有合規性與保障。

可靠顧問都有這些共通點

海外房地產顧問是海外房地產服務商的門面擔當，也是我們接觸最多的購房服務者。一個可靠的顧問，往往具備以下特質：

1. 專業知識：對所售社區的區位、戶型、配套、價格

等訊息瞭如指掌，對泰國房地產市場的規律有深刻洞見。

2. 溝通能力：善於傾聽客戶需求，用通俗易懂的語言講解專業問題，讓客戶做出正確的購房決策。

3. 服務意識：以客戶利益為重，提供個性化的海外置產方案，耐心對待客戶的每一個疑問，事無鉅細。

4. 誠信操守：講求信用，不誇大宣傳、不隱瞞重要資訊，敢於指出相關建案的優點或缺點，贏得客戶專業信任。

一站式全方位服務，全流程無憂

對於海外客戶來說，海外房地產顧問的服務不應止步於幫你簽一個購房合同。一家有擔當的中介公司，應該可以提供全流程的增值服務：

1. 接機接送：安排專車接機，讓你剛下飛機就感受到VIP 服務。

2. 實地考察：帶你實地勘查心儀房地產建案項目，安排房屋參觀，感受房地產投資標的優劣。

3. 簽約過戶：陪同辦理簽約、過戶等手續，保證你的

海外投資資金安全。

4. **驗屋**：協助你依合約內容，檢驗房屋交屋的現況。

5. **開銀行帳戶**：協助你找尋方便的銀行，開立當地銀行帳戶。

6. **裝修設計**：提供免費的軟裝設計方案，協助你採購家具、家電，打造一個拎包就可入住的溫馨家。

7. **租賃管理**：提供代租代管服務，幫你尋找優質租客、跟蹤租金收繳、定期檢查房屋狀況，以及房屋的日常修繕。

8. **售後諮詢**：即便完成交易，也要定期回訪客戶，持續提供房產增值、財稅籌劃等諮詢服務。

就像美思國際房地產，就是全流程服務的典範。他們對所有海外客戶，都提供從看房、定金、過戶到裝修、出租的服務，讓人全程無憂。

買房、持有、轉售稅費
怎麼算？

當懷著投資置業的美好嚮往，躊躇滿志地進入泰國房地產市場時，除了要慎重選擇可靠的開發商和中介，還有一個容易被忽視，但至關重要的問題，那就是房產稅費。

作為一個海外投資者，你需要全面了解泰國房地產交易的各種稅費，提前做好資金準備。畢竟任何一筆冒失的花銷，都有可能讓你的投資回報大打折扣。接下來，我就給大家來個泰國房產稅費大盤點，幫你梳理清楚買房、持有、轉售等各個環節的稅費門道。

● **過戶費**

過戶費為房地產註冊價值的 2%。

● **特別營業稅**

特別營業稅為房地產評估價值或註冊銷售價值（以較高者為準）的 3.3%。然而，該稅僅在房地產持有 5 年內出售

時支付；如果持有超過 5 年，將改為徵收印花稅。

● **印花稅**

如果房地產持有超過 5 年後出售，將徵收總註冊價值的 0.5％，作為印花稅。在適用印花稅的情況下，不需要繳納特別營業稅。

● **預扣稅**

如果賣方是個人，預扣稅是基於房地產的評估價值，按累進稅率計算的（請見附表 B）。預扣稅的計算方法如下：

1. 以銷售價格作為收入，然後從附表 B 中扣除費用，得出淨收入。
2. 將淨收入除以持有年數，得出每年的淨收入。
3. 根據每年的淨收入，計算個人所得稅（請見附表 A）。
4. 將每年的個人所得稅乘以持有年數，得出預扣稅。

手把手教你該怎麼算

假設政府評估價格為每平方米 50,000 泰銖，總面積為 100 平方米，總評估價格為 5,000,000 泰銖，實際銷售價格

個人所得稅

收入範圍（泰銖）	稅率
0 ～ 150,000	0%
150,001 ～ 300,000	5%
300,001 ～ 500,000	10%
500,001 ～ 750,000	15%
750,001 ～ 1,000,000	20%
1,000,001 ～ 2,000,000	25%
2,000,001 ～ 5,000,000	30%
5,000,001 以上	35%

為 6,000,000 泰銖，賣方持有該房地產 3 年：

● **過戶費**

過戶費基於政府評估價格的 2%，即 5,000,000×2％＝100,000 泰銖（A）

● **印花稅**

在此情況下，免除印花稅。這是因為該交易適用於特定

附表B 可扣除費用

持有年限（年）	可扣除比例
1	92%
2	84%
3	77%
4	71%
5	65%
6	60%
7	55%
8 年或以上	50%

商業稅（持有未滿 5 年）。

● **特別營業稅**

　　特別營業稅以政府評估價格或銷售價格中的較高者計算，為 3.3％。在此情況下，銷售價格較高，因此 6,000,000×3.3％＝ 198,000 泰銖（B）

● 預扣稅

政府評估價格：5,000,000 泰銖

持有 3 年的費用扣除為 77%，即 3,850,000 泰銖（請見附表 B）

餘額：1,150,000 泰銖（5,000,000 － 3,850,000）

除以持有年數：1,150,000 ／ 3 ＝ 383,333.33 泰銖

累進稅率個人所得稅（請見附表 A）

0 ～ 150,000 ＝ 0%

150,001 ～ 300,000 ＝ 5%（7,500）

300,001 ～ 500,000 ＝ 10%（8,333）

總計＝ 15,833（7,500 ＋ 8,333）

乘以持有年數：47,499 泰銖（15,833×3）

預扣稅為 47,499 泰銖（C）

● 總稅費

A（過戶費）	100,000
B（特別營業稅）	198,000
＋ C（預扣稅）	47,499
	345,499（泰銖）

誰支付過戶費和房地產稅？

通常情況下，買賣雙方各支付一半的過戶費。其餘稅費由賣方支付。然而，雙方可以透過協商決定每人支付的稅費比例。

稅種	稅率	誰負擔
過戶費	2%	買方賣方共同分擔
特別營業稅	3.3%	賣方
印花稅	0.5%	賣方
預扣稅	累進稅率	賣方

● **土地和建築物稅（每年支付）**

自 2019 年起，個人和法人擁有土地或建築物（包括公寓單元），需向當地行政當局繳納土地和建築物稅。於每年 4 月繳納。

納稅人類型	物業用途	物業價值（泰銖）	稅率
公寓單元所有者（姓名未登記在戶籍簿上的個人，大多數外國物業所有者屬於此類別）	住宅	小於或等於 5,000 萬	0.02%
	住宅	5,000 萬～7,500 萬	0.03%
	住宅	7,500 萬～1 億	0.05%
	住宅	超過 1 億	0.1%

● **泰國房地產出租的相關稅法**

　　根據泰國法律，無論是否為泰國稅務居民，任何人在泰國從房地產獲取租金收入，均需繳納該收入的稅款。好消息是，泰國稅務法（RC）允許對租金收入扣除 30％的標準費用。應納稅額按個人所得稅的累進稅率計算如下：

應納稅所得（泰銖）	稅率
0 ～ 150,000	0%
150,001 ～ 300,000	5%
300,001 ～ 500,000	10%
500,001 ～ 750,000	15%
750,001 ～ 1,000,000	20%
1,000,001 ～ 2,000,000	25%
2,000,001 ～ 5,000,000	30%
超過 5,000,000	35%

　　另外，每次支付租金時還需繳納預扣稅。如果所有者不是泰國稅務居民，預扣稅率為 15％；如果所有者是泰國稅務居民且付款人是法人，預扣稅率為 5％。請注意，**預扣稅不是租金收入的附加稅，而是業主個人所得稅的預付款**。預扣稅將計入業主的年度最終所得稅負擔。

想當包租公？
先知道有哪些成本

很多投資者選擇在泰國購置房產，除了享受度假、養老的優質生活，更重要的是，為了獲得穩定的租金收益。將手中的房產出租，既能幫你分攤持有成本，又能在資產增值中獲得被動收入，何樂而不為呢？但是，出租房產並非零成本，除了前期的裝修、傢俱等投入，還有一系列的稅費、管理費需要考慮在內。下面，我們來詳細盤點一下泰國房產出租有哪些成本，幫你算一算所有成本，理一理頭緒。

① 裝修成本

如果你購買的是預售屋（編按：指還沒建好就開始銷售的房屋）或者毛坯屋（編按：指完成初步架構及灌漿工序的建築物），那麼在出租之前，你需要對房屋進行基礎裝修和

配置。一套拎包就可入住的房子，無疑會更受租客青睞，也能帶來更高的租金收益。但與此同時，裝修成本也是一筆不小的開支。

根據泰國當地的裝修市場行情，中等檔次的全包裝修費用大概在每平方米 5,000 ～ 8,000 泰銖左右，精裝修可能要到 10,000 泰銖以上。舉個例子，如果你的公寓面積是 50 平方米，那麼裝修成本可能就在 25 ～ 40 萬泰銖之間。

當然，裝修費用高低會因材料、風格、工藝等因素而有較大差異。如果你想透過裝修來提高房屋的出租價值，不妨多投入一些，選擇品質更好的材料，打造更有特色的風格。但如果你預期的租金回報率不高，裝修預算有限，那麼在滿足基本居住功能的前提下，還是以節省成本為主。

需要注意的是，泰國的裝修行情混亂，魚龍混雜，如果盲目選擇裝修團隊，很容易拉高成本，還達不到預期效果。建議大家可以請教有裝修經驗的朋友，或者找信譽好的房產中介推薦，盡量選擇有口碑、有案例的正規裝修公司。同時裝修前一定要貨比三家，索要詳細的預算明細。

② 傢俱電器成本

除了裝修，還有一筆不可忽視的開支，就是傢俱電器的採購費用。畢竟，沒有幾個租客會願意帶著沙發、床墊入住吧。如果你是以長租為目標，那麼一套基本的成套傢俱必不可少。

一般情況下，泰國的家具城或者宜家，是很多業主的首選。像沙發、茶几、餐桌椅、衣櫃、床這些大件家具，每件的價格可能在 1 ～ 2 萬泰銖不等。如果品質再好一些，可能就要到 5 ～ 10 萬泰銖了。

冰箱、洗衣機、電視、空調等大家電，價格區間就更大了。按照基本的居住需求，最少也要準備 5 ～ 10 萬泰銖吧，如果想要更智能更豪華的，20 萬泰銖都不止。

綜合來看，裝點一套 50 平方米左右的公寓，傢俱電器的採購費用最少也要 15 ～ 20 萬泰銖，折合台幣 13.5 ～ 18 萬。如果再算上窗簾、床品等軟裝配飾，這個數字還會繼續往上漲。

③ 物業管理費

　　不同於國內，**在泰國，幾乎所有的公寓項目都有完善的物業管理制度**。每一位業主都需要向物業繳納一定的管理維護費用，費用多少因項目檔次和社區面積而不同。

　　按照泰國的市場行情，中端公寓的物業費大概在每平方米 50 ～ 80 泰銖左右，按月收取。舉例來說，如果是上文提到的 50 平方米的公寓，每個月的物業費用最少在 2,500 泰銖，折合台幣 2,250 元左右。

　　如果是高端公寓或者獨棟別墅，物業費用只會更高。動輒每平方米 100 ～ 200 泰銖，甚至有的超豪華項目，每個月物業費用高達上萬泰銖。可見，持有房產的成本並不低。

　　那麼，交了這麼多物業費，都是花在哪裡呢？主要是以下幾個方面：

1. **社區綠化養護**：對公共花園、綠地、游泳池等設施進行日常維護。

2. **公共區域清潔**：定期對樓道、電梯、大堂等公共區域進行衛生清潔。

3. **秩序安全維護**：24 小時安保服務、出入人員車輛登記管理、監控設備運行。

4. **公用設施維修**：對供水供電、消防等公用設施設備進行維護檢修。

5. **社區文化建設**：組織社區文娛活動，提供客戶服務，增進業主感情。

可以看出，繳納物業費不僅是為了維護社區環境，更是為了提升房產的整體品質，吸引優質租客，提高租金回報。可以說，在泰國，好的物業管理是房產保值增值的重要保證。

④ 代租代管費

作為海外業主，你不太可能每天盯著房子，發布租房訊息，或帶看房源、簽訂合同吧，這時候，請一個可靠的中介公司或房屋代理，就成了很多人的選擇。畢竟遠程打理房子，專業人士更有辦法。

但房屋代理的服務當然不是免費的。市場上主流的收費標準大致有以下幾種：

1. **代租費用**：通常是一年收取一個月的租金，合約是一年一簽。

2. **代管費用**：通常會收取每月租金的 5% ～ 10%，合約也是一年一簽。

以一套月租金 2 萬泰銖的房子為例，如果選擇租金抽成的模式，每年給中介的費用最少在 1 ～ 2 萬泰銖。

當然，這些錢並非白花，優秀的房屋代理可以為你提供很多增值服務。比如：

- **市場調研定價，幫你制定最合理的租賃策略。**
- **多管道發布房源訊息，線上線下同步曝光宣傳。**
- **精準尋找、篩選優質租客，展示房屋帶看。**
- **協助簽署房屋租賃合同，講解苛刻條款。**
- **安排清潔、維修、保養等入住前準備工作。**
- **監督租客按時繳納租金，定期巡查房屋。**
- **糾紛調解，突發事件應急處理等。**

如果你找到一個貼心盡責的代理人，這筆服務費花得一點都不冤。省時省力不說，還給你的房子找了個好歸宿。所以我建議在選擇代理時，不要只看價格，更要看服務。畢竟便宜沒好貨，貴有貴的道理，一定要貨比三家，擇優而選。

⑤ 維修保養費用

房子像人一樣，都需要精心呵護，定期保養。尤其是出租房，使用頻率高，磨損程度大，如果疏於管理，很容易產生大大小小的問題。所以除了前期的裝修投入，每年還要留出一部分預算，用於房屋的維修和設備更換。

常見的維修保養項目包括：

1. 門窗、鎖具的修理更換，尤其是因租客使用不當導致的損壞。

2. 水電、管道等設施的檢修疏通，預防漏水、跳電等事故。

3. 牆面、地板等裝飾物的修補翻新，保持房屋整潔舒適。

4. 家電、家具等的維修更換，保證設備性能正常。

這些費用因房屋年限、設施檔次而差異較大，很難一概
而論。如果是新房子，前幾年的維修費用可能不多，每年抓
個 1～2 萬泰銖預算就差不多了。但如果房齡久了，又剛經
歷了租客的蹂躪，那麼每年的維修開支可能就要翻倍了。

⑥ 空置損失

其實嚴格來說，空置期的房租損失並不能算作直接成
本，但卻是很多房東容易忽視的問題。無論是新房源的第一
次出租，還是租約到期換租客，房子都不可避免地會有一段
空置期，這段時間的租金收入等於零，但其他成本卻依舊每
天在產生。

以曼谷為例，**由於外籍租客的高流動性，公寓的空置率
普遍偏高，一般在 10%～15% 之間。也就是說，平均下來，
每年會有 1～2 個月是沒有租金進帳的，這筆隱性損失可
不小。**舉個例子，上述月租 2 萬泰銖的公寓，如果空置一個

月，就等於白白少了 2 萬泰銖的現金流。房東除了要繼續付物業費、房地產稅等，還要承擔水電、網路等基本開支，一個月下來怎麼也要 3,000 泰銖。更不要提還要額外花錢裝修維護，才能儘快租出去。

如果房屋又正好趕上淡季，或者定價不合理，租不出去的時間可能更長。半年、一年的空置期都是有的，那時房東的日子可就不好過了。不僅收入斷流，開支不減，還可能背上沉重的房貸。久而久之，這筆投資很可能就會變成燙手山芋。所以奉勸各位房東朋友，在制定出租策略時，一定要考慮到空置期的問題。尤其是**淡季來臨時，不妨主動降價，以價換量，讓房子儘快租出去**。畢竟只有維持穩定的出租率，才能讓投資收益最大化。

⑦ 匯率損失

對於海外房東來說，匯率風險也是一個容易被忽視的隱性成本。由於房租通常以泰銖計價，但很多業主的資金是以其他貨幣持有，收取租金時就不可避免地要做貨幣兌換，而

匯率的波動，很可能會侵蝕租金收益。

最重要的不是賺多少，而是能否不虧錢

回顧泰國房產出租的這些顯性和隱性成本，相信大家對投資收益有了更加全面的認識。我們來簡單盤點一下，除了顯而易見的房款本金，投資泰國房產還需要支付：

- 裝修、傢俱等購置成本，少則幾萬泰銖，多則幾十萬。
- 物業費、維修費等持有成本，每年要支出房款的1%～3%。

如果再算上空置期損失、匯率風險等隱性成本，那麼房產的實際投資回報率可能遠低於你的預期。以曼谷市中心一套 200 萬泰銖的公寓為例，如果租金回報率為 5%，那麼每年的租金收入為 10 萬泰銖。但扣除上述 5%～ 10%的顯性支出和隱性損失，實際到手的收益可能只有 6 ～ 7 萬泰銖，投資回報率其實只有 3%～ 4%。

當然，**房產投資的魅力不僅在於租金收益，更在於長期的資本增值空間**。據統計，過去 10 年曼谷市中心的公寓價格，平均每年漲幅達 6%～ 8%，遠超同期利息和通膨水平。加上泰國經濟的穩步增長和城市化進程的不斷推進，未來長期房價的上漲趨勢還會延續。

所以，**衡量海外房產投資的回報率，一定要綜合考慮海外置產的目的、持有成本、資產配置等因素，不能單純看租金回報率而已**。只有算清楚投入產出，權衡利弊得失，才能對一筆投資做出最理性的決策。投資房產就像經營一門生意，賺錢的奧祕無非兩條：一是開源，把租金提高；二是節流，把成本降低。

最後，用股神巴菲特的一句名言與大家共勉：「投資最重要的事情不是能賺多少錢，而是能不能不虧錢。」每一筆投入到泰國房產的血汗錢，都是我們對美好生活的一種選擇。只有未雨綢繆，仔細計算評估，才能讓投資之路走得更穩、更遠。

外國人該怎麼
貸款買房？

對於許多懷抱置業夢想的投資者來說，全款買房並不現實，因此貸款購房就成為了首選。在泰國購房是否可以貸款呢？答案是肯定的。然而，對外國人而言，在泰國申請房貸並不像在國內那麼簡單。除了資質審核更為嚴格，利率和額度等條件，也相對不如本地居民優惠。

泰國本土銀行通常無法提供房貸給外國人，原因是根據泰國的政策，外國人在泰國購房時，過戶時必須向土地廳出示海外匯款證明，簡稱為 FET（Foreign Exchange Transaction）。**所有資金必須以外匯形式匯入泰國，不可使用泰銖，通常會以美元匯入後，再由當地分行將款項兌換成泰銖**。因此，目前提供外國人貸款服務的主要是外資銀行（如新加坡大華銀行）。以下說明也是基於外資銀行的情況。

必須滿足 4 基本條件

根據泰國的法律規定，外籍人士是可以申請房貸的，但必須滿足以下幾個基本條件：

1. **房齡和房型要求**：申請房貸的房產必須是合法建築，房齡不超過 30 年。如果是預售屋，需提供露天結構證書和施工許可證明，開發商也需配合貸款事宜。

2. **申請人年齡要求**：申請房貸的外籍人士，年齡需在 20 ～ 60 歲之間。如果是多人共同申請，主貸人的年齡加上貸款年限不能超過 60 歲。超過 60 歲的申請人，需要提供額外的還款保證。

3. **申請人收入要求**：申請人需要提供穩定收入證明，月收入至少要達到 5 萬泰銖以上。如果是自雇人士，需提供過去 6 個月的收入流水和納稅證明。

4. **信用紀錄要求**：申請人需要提供良好的信用紀錄證明，沒有不良貸款、逾期還款等負面紀錄。如果是其他國家的徵信紀錄，需提供對應的徵信報告。

以上只是基本門檻，實際申請時，每家銀行的要求可能略有不同。有些可能還會要求申請人提供工作簽證、居留證明等資料，以證明你在泰國有穩定的工作和生活基礎。

從申請到放款 6 步驟

當你對自己的資質有了基本判斷，對心儀的房源也有了較深的了解後，就可以著手申請房貸了。一般而言，在泰國買房貸款的基本流程如下：

1. **提交貸款申請**：向銀行提交房貸申請，準備好申請人的身分證明、收入證明、房產證明、信用紀錄等資料。

2. **銀行初審**：銀行會初步審核申請人提供的資料，重點在於申請人的還款能力、房產抵押價值等，初審通過的話會告知基本的貸款方案。

3. **房產估值**：銀行會委託第三方評估公司對房產進行市場估值，計算可抵押貸款額度，估值結果將影響最終的貸款金額。

4. **銀行終審**：銀行根據初審結果和評估報告，對申請人進行終審，最終確定貸款金額、利率、期限等，出具貸款合同。

5. **抵押登記**：在貸款合同簽訂前，需要申請人配合銀行辦理抵押登記，將房產證明、土地證明等抵押給銀行，設定銀行為第一順位抵押權人。

6. **發放貸款**：抵押登記完成後，銀行會根據合同約定的時間節點，將貸款資金發放到開發商或賣家帳戶，買家可以同步付清首付款項，完成房款交割。

從申請到放款，整個過程一般需要 1 ～ 2 個月時間，具體速度取決於資料的完備性、房產證明的複雜性等因素。有經驗的買家會選擇提前 2 ～ 3 個月開始申請，這樣可以留出充足的時間，應對可能出現的問題。

泰國買房貸款的基本條件和利率

相信前述說明，已讓你對在泰國申請房貸有了基本了

解。接下來，我們再來看看泰國房貸的一些基本參數，包括貸款成數、利率、年限等，這些因素將直接影響你的購房成本和還款壓力。

1. 外國人房貸的基本額度

在泰國，**外籍人士申請房貸的額度一般不超過房產估值的 60%～70%，具體比例因銀行和申請人資質而異**。與本國買家相比，這個額度相比是偏低的，畢竟泰國人申請房貸可以核到 8 ～ 9 成，優質客戶甚至可以貸到房價的 100%。

以曼谷市中心一套 200 萬泰銖的公寓為例，如果銀行估值與售價一致，外籍買家能申請到的貸款額度大概在 120 ～ 140 萬泰銖左右，首付需要準備 60 ～ 80 萬泰銖。而泰國本土買家最多只需要付 20 ～ 40 萬泰銖首付，貸款額度可達 160 ～ 180 萬泰銖。

2. 外國人房貸的基本利率

除了貸款額度偏低，外籍人士在泰國申請房貸的利率，也普遍高於本土客戶。目前泰國本土房貸的基準利率在 4%～ 6%之間，但**外籍人士申請房貸的利率一般在 6%～ 8%，較優質的客戶也很難拿到更低的利率**。

造成這種差異的主要原因有二：一是外籍人士的工作和收入穩定性，普遍低於本土客戶，信用風險相對較高，但**若是外國人在泰國有工作證明，就有機會拿到相對好的房貸條件。**二是外國人在泰國缺乏徵信紀錄，銀行很難全面評估其還款能力和違約風險。

以上述 200 萬泰銖的公寓貸款為例，假設貸款額度為 120 萬泰銖，貸款年限 20 年，月均等額還款，那麼在 6％和 8％的利率下，每月分期金額分別為 7,181 泰銖和 8,243 泰銖，相差 1,062 泰銖。20 年期滿，利息支出分別為 52.3 萬泰銖和 77.8 萬泰銖，8％利率下，多支出了 25.5 萬泰銖利息。

可見利率高低對還款成本的影響有多大。所以，**建議申請房貸的朋友在貸款額度、還款年限之外，也要多多比較各銀行的利率優惠，爭取更優惠的利率**，哪怕多討價還價 0.5 個百分點，積少成多也是一筆不小的節省。

外國人房貸的基本年限

在貸款年限方面，泰國的規定相對寬鬆。一般商業銀行

可提供 3 ～ 30 年不等的房貸還款期，也有銀行願意做到 35 年或 40 年。只不過貸款年限越長，利率往往越高，而且前期還款的本金比例會很低，利息支出的絕對值更大。

以上述 200 萬泰銖的公寓，6％利率，120 萬泰銖貸款額度為例。如果貸款 10 年，每月分期金額為 13,318 泰銖，利息總支出 24.6 萬泰銖；如果貸款 30 年，每月分期為 7,193 泰銖，利息總支出高達 78.7 萬泰銖，是 10 年期的 3.2 倍。

所以在選擇貸款年限時，大家一定要量力而行，不要被表面的低分期金額所蒙蔽。**更長的貸款年限意味著更沉重的利息負擔**，只有在資金確實緊張的情況下，才建議考慮。畢竟買房是為了賺錢，而不是為了還貸而活。

如何選擇房貸銀行？

說了這麼多房貸知識，相信大家已經對自己能否在泰國申請房貸、能申請多少額度、利率和年限，有了大致的判斷。接下來，我們再聊聊如何選擇貸款銀行，因為銀行的好壞，關乎你房貸申請的成敗，以及未來還款的便利性。

在泰國，能接受外籍人士房貸申請的銀行其實為數不多，像外資商業銀行，才有這項業務。它們一般在針對外籍人士的房貸產品、申請流程、語言服務等方面更加完善，外籍人士服務體驗相對會好一些。

建議大家盡量選擇離房產項目或自己工作地點近的分行，這樣申請和後續還款都會比較方便。以曼谷為例，像素坤逸、是隆、沙吞等核心區域的分行，外籍客戶服務經驗都很豐富，去這些分行申請，通過率會更高一點。

總的來說，泰國的房地產金融市場屬於起步階段，外國人在泰國申請貸款難度不小。利率高、貸款額度低、手續繁雜，都是多數外國人的共同感受。

所以，要把泰國的房貸政策理解為一種善意提醒，能使我們在投資房產時更理性務實。**必須把投資回報和借貸成本反覆評估計算，而不是盲從跟風，不顧一切地追逐槓桿收益**。只有真正做好了資金準備和投資風險評估，泰國房產市場的大門才會向你敞開。

注意 7 件事，
第一次當房東就上手

當你在泰國買下一套房產後，如何將其出租，獲得穩定的租金收益，就成了一個重要的課題。作為一個海外業主，如果你對泰國的租賃市場不熟悉，對出租流程不了解，很可能導致房子租不出去，甚至捲入惡意租客的糾紛。下面為大家詳細介紹泰國房產出租的主要流程，以及各個環節需要注意的事項和成本支出，幫你理清頭緒，少走彎路。

① 出租前期準備

在正式對外發布出租訊息之前，你需要做一些必要的前期準備工作，包括：

1. 整修裝潢

如果房子是新建的，或者之前一直自住，那麼在出租前

最好對其進行一次全面的整修和裝潢。包括粉刷牆面、更換地板、檢修門窗、清潔浴廁等，讓房子煥然一新，會更具租賃吸引力。

整修裝潢的費用因房型面積、裝修檔次而異，一般在每平方米 1,000 ～ 3,000 泰銖之間。以 50 平方米的公寓為例，整修費用大概在 5 ～ 15 萬泰銖。

2. 購買家具

除了基礎裝修，出租房還需要配備一些基本的家具，如沙發、茶几、餐桌椅、衣櫃、床等。畢竟大多數租客都希望拎包就入住，不願額外添置家具。對於短租房來說，家具的配置顯得更加重要。

一套基礎家具的價格因品牌檔次而異，一般在 10 ～ 15 萬泰銖之間。如果追求高端定製，價格還會更高。建議根據房型定位和目標租客，選擇適中的家具，避免過度投入。

② 檢修相關設備

出租前，還需要全面檢修房子的各種設施，確保運行正

常，不會給租客帶來不便。包括空調、熱水器、衛浴潔具、電器開關等，必要時，還需要請專業人員上門維修。

設備檢修的費用相對較低，一般在幾千泰銖左右。但如果有大型設備需要更換，如空調壓縮機、熱水器等，費用可能就要上萬泰銖。

③ 發布出租消息

當房子準備妥當後，就可以對外發布出租資訊了。一般有以下幾種途徑：

1. 線上平台

目前泰國比較主流的租房平台有 DD Property、Hipflat、Renthub 等，覆蓋面廣，用戶活躍。在這些平台上發布房源，一般都是免費的，但如果你想獲得更多曝光，可以選擇付費置頂或推薦。

付費推廣的價格不等，一般幾百到幾千泰銖不等，按天或按週計費。建議根據房源預期出租時間，選擇合適的推廣方案。

2. 各大社交媒體

除了租房平台，Facebook、Line 等社交媒體，也是很好的租房管道。你可以在一些泰國本地社團、房產交易群裡發布出租訊息，接觸到更多目標客群。這些管道一般是免費的，但可能需要你多花一些時間來管理。

④ 中介代理

如果你沒有時間或精力打理房產，也可以選擇委託給海外房產中介公司代理出租。他們一般有自己的客戶資源和營銷管道，能幫你更快找到合適的租客。

中介代理一般會收取半個月到一個月的租金，作為佣金，如果提供租後管理服務，還會每月額外收取 7%～10% 的管理費。這筆費用雖然不低，但卻能幫你省去不少麻煩。

⑤ 選擇租客

一旦你的出租資訊發布後，預計會陸續收到一些租客的

諮詢和申請。這時你需要篩選租客，選擇合適的簽約。以下是選擇租客時需要注意的事項：

1. 基本身家或信用調查

對於長租客戶，一定要對其信用狀況進行必要的調查，主要包括：

- **身分證明**：核實其護照、工作簽證等證件的真實性和有效性。
- **收入證明**：要求其提供近期的工資單、納稅證明、銀行對帳單等，確認是否有穩定的收入來源。
- **聯保擔保**：必要時可以要求租客提供一名聯保人，共同承擔租金支付和房屋損壞的責任。

信用調查可以委託給中介公司，也可以自己向移民局、徵信機構購買服務。一般費用在 1,000 ～ 3,000 泰銖不等。

2. 當面訪談溝通

除了書面資料，也建議與租客當面溝通，全面了解其職業、家庭、生活習慣等情況，評估是否為理想租客人選。同時也要說明清楚房屋的使用要求，例如不可吸菸、不可飼養寵物等，避免日後出現糾紛。

⑥ 簽訂合約

選定租客後，就可以與其簽訂正式的租賃合約了。合約一般應包括以下內容：

- 房屋地址、面積、租期等基本資訊。
- 租金金額、支付方式、支付日期等。
- 押金金額、退還條件等。
- 水電費、物業費、維修費等相關費用的承擔方式。
- 房屋裝修、家具、設備的使用要求和維護責任。
- 轉租、退租的約定。
- 違約責任等。

起草房子的租賃合約，最好請教專業的律師或海外不動產仲介商，以保障自身權益。律師費一般在 5,000 ～ 10,000 泰銖，中介產生的法律文件費用，一般包含在佣金裡。簽約時還需要收取租客 1 ～ 2 個月的租金，作為押金，以備日後房屋損壞或租金拖欠時使用。

⑦ 後期管理

房子順利出租後，還需要做好後期的管理服務工作，主要包括：

1. 收取租金

依合約約定，每月向租客收取租金，可透過銀行轉帳、現金支票等方式。注意做好租金收取紀錄，必要時發出收據。

2. 檢查房屋

定期檢查房屋，確保租客按照約定使用，沒有對房屋造成損壞。如發現問題，要及時與租客溝通，必要時可以提出警告或賠償要求。

房屋檢查可以自己進行，也可以委託給物業公司。一般每 2 ～ 3 個月檢查一次，費用在 500 ～ 1,000 泰銖左右。

3. 維修維護

房屋和家具設備，在使用過程中難免會出現損耗和故障，作為房東有義務及時進行維修和更換。維修維護的費用因項目而異，一般預留 1 ～ 2 個月租金，作為年度維修基金

即可。

4. 續約退租

合約到期後，如果雙方都希望繼續租賃，可以協商續約，並重新商定租金價格。如果租客要求退租，需要提前1～2個月通知，以便留出足夠時間尋找新租客。續約或退租時，務必詳細檢查房屋，並退還租客押金。

以上就是泰國房產出租的主要流程和注意事項。可以看出，海外出租房管理是一項系統化的工程，涉及前期投入、中期運營、後期服務等諸多環節，每個環節都需要投入一定的時間和金錢成本。

據不完全統計，一套月租金2萬泰銖的房子，從籌備到出租，除了前期的裝修裝飾費用外，光廣告費、中介費、律師費、物業費等，就要每年花費1～2萬泰銖，占租金收入的5%～10%。如果再算上定期維修和空置期損失，那麼實際的租金回報率可能會大打折扣。所以，我建議海外房東在出租房屋時，一定要量力而行，**詳細測算投入產出比，不要期望一步到位**，免得竹籃打水一場空。

　　同時要選擇可靠的中介公司合作，利用其專業服務和本地資源，提高租客匹配度，減少自己的管理成本。當然，房產出租雖然麻煩，但其帶來的被動收入和資產保值增值機會，還是吸引很多投資者追求。

　　數據顯示，曼谷市中心高級公寓的平均出租率，穩定在70%以上，年租金回報率也達到了 5%～ 7%。此外，泰國房地產市場也快速升溫，過去 10 年曼谷房價年均漲幅接近 6 ～ 8%，可以說，對那些有耐心、有遠見的投資者而言，泰國房產出租依然大有可為。

啟動「曼谷超強包租婆 錢滾錢計畫」！

之前我在泰國 Kbank 證券戶成功開戶，**每個月都可以將收到的房租 1 萬多元（年報酬率 4％多），定期定額投資泰國高配息 ETF 錢滾錢計畫（每年房租收入有機會再多賺 4 ～ 5％），兩三年後累積存下的 30 ～ 40 萬泰銖，就有機會成為下一間曼谷預售屋的買房基金！**

前陣子花時間仔細研究了泰國 11 檔 ETF，發現泰國版的 0050 及 0056 也有能源 ETF、銀行 ETF、債券 ETF，其中台灣的元大金控集團，泰國關係企業 KTAM 也發行三檔 ETF，分別是能源 ETF、銀行 ETF 及黃金 ETF。不過台灣投信發行的 ETF 真的主題種類更多元，很有趣的是，現在每天都會收到泰國 Kbank 證券的研究報告，可以更了解泰國股市情況，可能不久之後，老師就會成為泰國股市達人。

月收 1 萬，也能滾出一間房

我被律師好友大大讚美，說我的行動力及執行力都是 100 分。2022 年底我跟她一起前往曼谷辦理好 long stay Visa，認識了她的泰國富商朋友，他有 40 多間曼谷收租房，我發現曼谷房價是台北 1/3，租金是台北 2 倍後，更是激發我，想像富商朋友一樣成為曼谷收租婆的念頭。

這一、兩年我多次前往曼谷，考察房地產市場，花很多時間看了很多新建案，也透過不同的人脈關係，認識許多曼谷房地產專家達人，直接掌握曼谷房地產最在地、最真實的一手資訊。然後，又聰明獨家想出**將每月收到租金放大，再投資泰國高配息 ETF 的錢滾錢模式**。我仔細研究泰國 11 檔 ETF，開好證券戶，一步一步實現成為曼谷超強包租婆計畫。很開心我的泰國超強包租婆夢想已經成真，每月有錢自動匯入銀行的感覺，真的很棒！

每月收租 4 ～ 5%　×　租金買高配息 ETF 4 ～ 5%　＝　錢滾錢 存下一間房頭期款

〔投資實戰 Ⓑ 股市〕

被動收入錢滾錢，
穩健獲利超 Easy

如何在泰國銀行開戶？

申請人須具備這些條件

　　Dr. Selena 自從在曼谷買了六間房後，為了能夠收到每個月的房租，也在泰國開立銀行帳戶，發現外國人如果想在泰國開設銀行帳戶，需要滿足一些基本條件。一般來說，大部分銀行要求申請人持有以下任一證件：

- 一年或一年以上長期簽證，如非移民簽證（Non-Immigrant Visa）、退休簽證（Retirement Visa）、商業簽證（Business Visa）等。
- 泰國任意銀行的銀行卡，包括借記卡或信用卡。
- 工作許可證（Work Permit），通常需為一年以上有效期。
- 租房合同或住址證明、房屋登記證明等，用於證明

申請人在泰國有固定居所。

持有觀光簽證（Tourist Visa）或落地簽證（Visa on Arrival）的外國人，通常只能申請開立預付款帳戶（Pre-paid account），且不能開通衍生品帳戶，使用功能較為受限。

對於沒有工作許可證的外國人，泰國移民局（Thai Immigration Bureau）有時會酌情提供開戶許可證明，但通常要求申請人能出示護照、租房合同等文件，證明其在泰國有合法長期居住的打算。

開戶所需文件及資料

為順利完成開戶手續，申請人需準備以下文件及資料：

- 有效護照原件及複印件，複印範圍需包括護照首頁（顯示個人資料及照片頁）及簽證頁。
- 泰國居留證原件及複印件（如有）。
- 工作許可證原件及複印件（如有）。
- 近 3 ～ 6 個月的銀行對帳單或銀行流水，用以證明

圖表 10 曼谷相關投資開戶條件

開戶項目	所需文件
銀行	護照 房子合約 泰銖（每一間銀行規定金額不同）
證券	護照 房子權狀 長期居留證 當地手機號碼
外幣	護照 房子權狀 長期居留證 泰銖（每一間銀行規定金額不同）

＊實際開戶條件以每一家銀行實際公布為主。

財力，複印件需蓋章。

● 租房合同或房產證明複印件（如銀行要求），複印
件需房東簽字。

● 住址證明原件（如銀行要求），可為水電費帳單

或移民局開具的住址申報表（TM.30）。（編按：
TM.30 是指入境泰國的外國人，要在 24 小時內，把
入住地址回報給移民局的表單）

- 1 張 2 寸照片，背景為白色或淺藍色。
- 開戶最低存款，金額依開設帳戶類型而異，通常在
  500 ～ 50,000 泰銖之間。
- 開戶費用 30 泰銖，如需開通衍生品帳戶，需繳納額
  外費用 30 泰銖。

以上為外國人在泰國銀行開戶，通常所需準備的相關文
件資料，但不同銀行的要求標準可能略有差異。建議大家在
泰國申請開戶前，先致電諮詢擬開戶銀行，確認所需文件的
具體要求，避免撲空。

常見的帳戶類型

在泰國，外國人可選擇開設的銀行帳戶類型主要有三
種：

1. 預付款帳戶（Pre-paid Account）	預付款帳戶是專為持觀光簽證或落地簽證的外國人設立的銀行帳戶，帳戶內需先存入資金，才可進行消費、提現、轉帳等交易，交易限額取決於帳戶餘額，適合短期停留泰國的外國人使用。 開立預付款帳戶通常需要 500 ~ 1,000 泰銖的最低存款，並繳納 30 泰銖開戶手續費。持此類帳戶可在泰國銀行的 ATM 機上提取泰銖，但通常無法進行跨行轉帳、國際匯款等操作。
2. 現金帳戶（Cash Account）	現金帳戶相當於信用額度帳戶，持有人可在銀行批准的信用額度內進行各類資金交易，如存款、支票兌現、轉帳、消費等。現金帳戶通常要求客戶存入一定金額的保證金，金額多為信用額度的 10 ~ 20%，保證金可為現金或股票等流動性資產。 現金帳戶的開設條件較為寬鬆，最低存款金額通常在 1,000 ~ 5,000 泰銖之間，但使用範圍有限，不適合頻繁大額資金交易。
3. 信用餘額帳戶	信用餘額帳戶是一種融資融券帳戶，帳戶持有人可透過向銀行抵押現金、股票、債券等資產，獲得一定的交易信用額度，額度高低依資產評估價值而定。

（Credit Balance Account）	開立信用餘額帳戶的條件較為嚴格，除需提供與現金帳戶相同的申請文件外，還需提供資產證明，如房產證或證券帳戶對帳單，以及收入證明，如納稅申報單或工資單等，且多數銀行要求最低開戶存款在 500,000 泰銖以上。 信用餘額帳戶為大額資金交易提供了便利，但需承擔較高的資金成本和違約風險，只適合財力雄厚的專業投資人士。

除上述三種常見帳戶類型外，泰國有些銀行還提供支票帳戶（Current Account）、定期存款帳戶（Fixed Deposit Account）等特色產品，以滿足客戶的不同金融需求，感興趣的朋友可詢問開戶銀行的工作人員。

6 步驟輕鬆開戶

泰國銀行開戶流程相對簡單，但不同銀行在文件資料要求、開戶環節等方面略有差異，建議提前致電詢擬開戶銀行，詳細了解開戶所需資料，必要時可透過網路銀行或手機

備好相關資料，開戶輕鬆完成。

APP 預約開戶時間，節省排隊等候時間。

在泰國銀行開立帳戶的主要步驟如下：

Step 1：攜帶所需文件資料前往開戶櫃檯，向工作人員表明開戶意願，並出示護照和簽證供其核驗。

Step 2：在銀行工作人員的協助下填寫開戶申請表，表格一般為泰文版本，請務必仔細閱讀每一項條款，如有不清楚之處可隨時向工作人員提問。

Step 3：向銀行人員提交申請表及全部所需文件資料，包括但不限於護照影本、工作許可證影本、住址證明正本等，由工作人員進行資料審核。

Step 4：資料審核後，依開戶的類型繳納相應的開戶最低存款，如預付款帳戶通常需存入 500 泰銖，信用餘額帳戶則需存入 500,000 泰銖以上。

Step 5：在銀行員工的引導下，依要求在銀行卡、存摺、印鑑卡等資料上簽字，領取銀行卡及存摺等資料，妥善保管。

Step 6：在銀行工作人員的協助下，設定網路銀行及手機銀行 APP 的登入密碼、交易密碼等，並郵寄電子對帳單

（E-Statement）至指定信箱，以便日後查詢帳戶交易紀錄。

　　開戶完成後，持卡人即可憑銀行卡或存摺，透過銀行櫃檯、ATM 機、網路銀行或手機銀行 APP 等方式，辦理存款、提款、轉帳、繳費等日常 banking 業務，部分銀行亦可提供外幣兌換、貴金屬交易等特色金融服務。

　　如客戶選擇開立衍生性商品帳戶，如信用餘額帳戶，銀行亦需協助客戶填寫風險承受能力評估表，全面評估客戶的風險辨識能力、風險承受能力、風險偏好等，以確定適合客戶的交易品種及交易限額，並與客戶簽署相關交易合約及風險揭露書，以符合當地金融監理要求。

Dr. Selena 泰股投資學習筆記

外國人開戶
一定要留意這些事

儘管在泰國銀行開立帳戶的手續相對簡便,但外國人在辦理過程中仍須注意一些事項,以免產生不必要的麻煩和損失:

- 事先了解各家銀行或各分行在開戶條件、手續費、所需文件等方面的差異,選擇性價比高、服務優質的銀行進行開戶,必要時可諮詢請教身邊有開戶經驗的朋友。
- 申請開戶前務必仔細閱讀銀行提供的開戶須知、服務協議、收費標準等資料,避免因不了解條款內容而與銀行產生糾紛,必要時可請教懂泰語的朋友協助翻譯。
- 開戶時所使用的聯絡方式,如手機號碼、電子郵箱、居住地址等資訊,務必真實有效,銀行將透過預留資訊向客戶發送帳戶電子對帳單、交易確認簡訊等重要通知,虛假的聯絡方式可能導致帳戶被凍結。

- 泰國政府規定，若銀行帳戶連續一年以上無任何交易、存款餘額低於 2,000 泰銖，銀行有權視為不活躍帳戶（Dormant Account）並自動予以關閉，餘額將劃轉至泰國財政部，提取手續極為複雜。
- 泰國銀行通常要求在辦理電匯、大額現金存取款等大額交易時，須在規定時限內提供資金來源證明（如購房合約、薪資證明等），客戶應予以配合，拒絕提供可能導致帳戶被列入可疑監控名單。

除以上注意事項外，泰國銀行在 ATM 取現金、轉帳、跨行服務等方面可能產生一定手續費用，費率方面，每一家銀行可能有所差異，建議在辦理相關業務前仔細詢問清楚，避免產生預期外的費用支出，影響資金使用計畫。

此外，在使用銀行的網路銀行及手機銀行 APP 時，還應提高安全防範意識，做好個人資訊保護，切勿向他人洩露帳戶密碼、動態驗證碼等敏感信息，若發現異常交易，應第一時間聯絡銀行客服，避免蒙受巨大金錢損失。

跟著做，
證劵開戶 0 難度！

淺談泰國證劵市場

　　泰國證劵交易所（The Stock Exchange of Thailand，SET）是泰國唯一的證劵交易市場，成立於 1975 年 4 月 30 日，目前共有上市公司約 600 家，市值約為 17 萬億泰銖（約合 5,000 億美元）。

　　泰國證劵交易所主要的指數為 SET 指數（SET Index）和 SET50 指數，分別反映整個市場和市值最大的 50 家上市公司的股價走勢。

　　除股票市場外，泰國證劵交易所還設有衍生品市場（TFEX）和債劵市場（TBX），為投資者提供了豐富的投資標的和風險管理工具。

外國人開立證券戶的 7 個條件

外國投資者在泰國開立證券帳戶，須滿足以下基本條件：

1. 年滿 20 歲，具有完全民事行為能力。

2. 持有效的護照原件及複印件。

3. 持有效的泰國簽證原件及複印件，簽證類型需為非移民簽證、退休簽證、商業簽證等，持觀光簽證或落地簽證的外國人暫不能開戶。

4. 持有效的工作許可證原件及複印件（如適用）。

5. 提供住址證明原件及複印件，如租房合同、房產證明、水電費單等。

6. 提供稅務識別號（Tax ID）或護照號碼。

7. 提供指定的泰國銀行帳戶，用於交易資金的存取。

除上述基本條件外，不同證券公司在風險承受能力、託管資產規模、信用紀錄等方面的要求略有不同，有些門檻較高的券商，可能還需提供收入證明、資產證明等財力文件。

一般常見的證券帳戶類型

　　泰國證券公司為投資者提供了多種類型的證券帳戶，以滿足不同投資需求和風險偏好：

1. 現金帳戶（Cash Account）	現金帳戶是最基礎的證券交易帳戶，帳戶內需存入 100％的交易資金才能下單買賣，不能透支或融資交易，適合風險承受能力較低的投資者。
2. 保證金帳戶（Margin Account）	保證金帳戶又稱融資融券帳戶，帳戶持有人可利用證券公司提供的資金進行槓桿交易，較適合有一定風險承受能力的投資者，但需要承擔相應的利息支出。泰國證券交易委員會（SEC）規定，保證金帳戶的槓桿比例不得超過 1：2。
3. 衍生品帳戶（Derivatives Account）	衍生品帳戶可進行期貨、期權等金融衍生品的交易，通常需開立獨立的資金帳戶，並透過相應的交易軟體進行下單，適合風險偏好較高、追求資本增值的投資者。

開立證券帳戶之前，務必先評估自己的投資需求和風險承受能力。

7 步驟完成證券戶開立

在泰國開立證券帳戶的流程相對簡單，以下為各個環節的詳細步驟：

Step 1：選擇合適的證券公司並諮詢開戶事宜

投資者可以結合自身的投資需求、風險偏好、資金規模等因素，選擇口碑好、服務優質的泰國證券公司，必要時可多方對比、諮詢身邊有投資經驗的朋友。

Step 2：準備開戶所需文件資料

按照證券公司的要求，提前準備好護照、簽證、工作許可證、住址證明等開戶所需文件資料，文件需為原件或經公證的複印件。部分證券公司接受郵寄開戶，但多數會要求投資者本人到場辦理。

Step 3：填寫開戶申請表及風險評估問卷

在證券公司工作人員的協助下，如實填寫開戶申請表及風險評估問卷，內容涵蓋個人基本資訊、聯絡方式、投資經驗、風險偏好、資產狀況等，切勿隱瞞或提供虛假資訊，否則將承擔相應的法律責任。

Step 4：提交資料並透過視訊見證

向證券公司提交全套開戶資料後，工作人員將安排見證人員與客戶進行遠端視訊見證，以確認客戶身分的真實性。過程中，見證人員將詢問客戶的投資目的、資金來源等資訊，客戶應如實回答。

Step 5：簽署風險揭示書及交易協議

視訊見證通過後，投資者須閱讀並簽署開戶風險揭示書、信息披露聲明、交易協議等法律文件，以確認自己已充分了解並接受證券投資的相關風險。

Step 6：繳納最低初始入金

投資者須按照證券公司的要求，將一定金額的資金匯入指定的客戶資金帳戶，作為交易保證金，金額通常在 1,000 泰銖以上。

Step 7：領取證券帳戶卡及交易密碼

帳戶開立完成後，投資者可領取實體的證券帳戶卡（如有）及交易密碼，並開通網路交易或手機交易功能。為確保交易安全，投資者應妥善保管好帳戶資訊，切勿向他人洩露。

投資人注意！
泰國證券市場的大小事

　　在泰國開立和使用證券帳戶時，投資者還需注意以下幾點：

- 泰國對外國投資者持有上市公司的股權比例設有上限，通常不得超過 49％，銀行、保險等特定行業的持股比例上限更低。

- 泰國證監會對證券帳戶實施休眠機制，如連續一年以上無交易發生，帳戶將被凍結甚至註銷，投資者須重新申請開戶。

- 證券交易產生的資本利得需依法納稅，稅率約為 15％，但泰國與部分國家簽訂了避免雙重徵稅協定，境外投資者可能享受一定的稅收減免。

- 使用證券帳戶進行頻繁交易或可疑交易，將可能被泰國相關監管部門認定為操縱市場、內幕交易等違法行為，投資者應合法合規參與交易，避免觸犯法律。

　　泰國證券市場監管規範明確、市場環境友善，證券帳戶的開立流程也相對簡便，但外國投資者仍需全面了解相關的法律法規和交易規則，審慎評估自身的風險承受能力，尋求當地專業金融機構或相關人士的指導，以規避潛在的投資風險，實現資產的保值增值。相關規定，建議仍需以當時政府公告為主。

外國人怎麼匯錢至泰國？

隨著疫情解封之後，泰國也成為台灣人最愛的旅遊國家之一，加上台泰經貿往來日益頻繁，根據經濟部投審會統計，2023 年台商在泰國投資，比 2022 年增加了 6.53 億美元。且泰國官方統計，2022、2023 年台灣為泰國第 4 大外來投資國家，兩國間的跨境資金流動也愈發活躍。無論是企業還是個人，都需要了解如何以安全、高效、低成本的方式完成對泰國的跨境匯款。本文將簡單介紹幾種常見的泰國匯款方式，並對比其優劣，供有需要的朋友參考。

① 銀行電匯（Telegraphic Transfer，T/T）

銀行電匯是最傳統、最普遍的國際匯款方式之一，透過 SWIFT（環球銀行金融電信協會）系統，實現收付款人銀行

帳戶之間的資金跨境劃轉。具體而言，匯款人需攜帶身分證明文件、收款人銀行帳戶資訊等，前往銀行填寫匯款申請書，銀行審核後會發出匯款指令，資金透過 SWIFT 系統分撥，最終匯入收款人帳戶。

以下是銀行電匯的優、劣勢比較：

銀行電匯的優勢	1. **安全性高**：資金透過官方清算系統，全程留痕，風險相對可控。 2. **到帳時間可控**：資金一般在 1～3 個工作日內可到帳，個別偏遠地區略有延遲。 3. **全球通用性強**：全球絕大多數銀行均支持 SWIFT 電匯，限制較少。
銀行電匯的劣勢	1. **手續費高**：跨境匯款涉及匯出行、解款行等多個中轉行，每一方均會收取一定的手續費和電報費，費用加總後，對匯款人形成較大負擔。 2. **匯率不透明**：各商業銀行自行制定 Sell rate（賣出匯率）進行報價，通常較實時的市場匯率有較大偏離，且不同銀行的匯率差異較大，甚至同一銀行的不同分行，報價也不盡相同。 3. **門檻較高**：部分銀行對匯款人有資質審核，如要求提供稅務識別號、工作證明等，個別行對自然人匯款也設有金額上限，使用上受限。

② 現金匯款服務商

對於偏好現金交易的客戶而言，西聯匯款（Western Union）老牌匯款服務商提供了絕佳的解決方案。用戶只需攜帶有效身分證件，前往服務商在台灣和泰國的代理分行，填寫匯款申請單並繳納現金，系統確認後會即時產生唯一的提款碼（MTCN）。收款人憑 MTCN 及身分證明文件，即可在泰國任一代理的分行快速取到現金。

以下是現金匯款服務的優、缺點比較：

現金匯款服務的優點	1. **便利性高**：無需銀行帳戶，全程無需任何金融卡，帶身分證即可當場匯款、提款。 2. **可近性強**：相關服務商，台泰兩地均有廣泛的代理網絡，下至偏遠城鎮及社區，就近匯款十分方便。 3. **即時到帳**：資金即時流轉，1小時內可提取，無需擔心跨行清算時間差。 4. **安全隱私**：只有收款人持有正確的 MTCN，方可提取匯款，隱私性佳。

現金匯款服務的缺點	1. **費率昂貴**：起始價一般在 50 元／筆，且費率隨著匯款金額遞增而快速上漲，綜合成本甚至高於銀行電匯。 2. **匯率欠佳**：服務商自行訂定匯率，通常較市價差 10 ～ 20 個基點。 3. **限額較低**：單筆、單日匯款金額通常在 1 萬元以下，無法滿足大額匯兌需求。

③ 跨境電商平台

對於有線上購物需求的用戶而言，使用亞馬遜（Amazon）、paypal 等平台進行跨境支付，也是將資金即時匯入泰國的可行選擇。用戶在平台選購商品後，使用綁定的銀行卡、帳戶餘額等進行支付，資金將在後台由電商平台匯總，再由其代為向泰國賣家的帳戶發放貨款。

使用電商平台的跨境支付服務，具備以下優、缺點：

跨境電商平台的優點	1. **購匯成本低**：平台集中批量購匯，議價能力強，成本效益高。 2. **資金周轉快**：個人客戶一般無須辦理購匯手續，下單後即時對賣家付款，資金流轉迅捷。 3. **買賣雙方獲益**：買家無須負擔跨國物流費用，賣家也可獲得即時貨款，交易體驗佳。
跨境電商平台的缺點	1. **僅限於電商交易**：只有在平台購物的用戶方可使用，資金用途受限。 2. **無法直達個人帳戶**：資金流向為用戶－平台－商家，難以直接匯入泰國個人帳戶。 3. **售後爭議成本高**：跨境購物如遇售後糾紛，協調成本高、週期長，權益難度高。

④ 直接兌換泰銖現鈔

除上述幾種常見的跨境匯兌方式外，攜帶外幣現鈔前往泰國，透過機場、銀行、兌換點等管道兌換成泰銖現鈔，亦可視作一種特殊形式的「匯款」。與存入當地銀行帳戶相比，隨身攜帶現金可保障游資（編按：指在國際金融市場上快速流動的短期投機性資金）的機動性和匿名性，滿足個人

的多元化支付場景。

兌換泰銖現鈔的優、缺點比較如下：

直接兌現的優點	1. **地點遍布**：曼谷各大商圈、熱門景點均設有兌換點，尋找便利。 2. **匯率優勢**：尤其在機場、銀行等正規通路兌換，匯率通常優於國內銀行。 3. **無手續**：抵泰後直接使用，無須履行開戶、繳稅等手續。
直接兌現的缺點	1. **資金安全隱憂**：現金遺失、被竊風險大，尤其大額現金在身，需格外警惕。 2. **攜帶限額**：我國《洗錢防制法》規定，民眾若攜帶超過新台幣 10 萬元出入境，而沒有事先申報，超額款項將會直接沒收。 3. **兌換成本**：頻繁小額兌換將產生高額手續費，兌換效率不高、成本較高。

認識泰國股市

Dr. Selena 在泰國買了六間房子後，因為希望成功放大每個月的租金收入，而開始執行超強包租公錢滾錢的作戰計畫，進而開始研究泰國股市。我發現泰國股市具有一些特色，接下來，就帶著大家一步一步了解泰國股市。

泰國股市的發展歷程

泰國股市是東南亞新興市場的重要組成部分，經過近50年的發展，已初具規模。泰國經濟轉型升級，政治環境逐漸穩定，為資本市場發展創造了良好條件。泰國股市估值水平合理，眾多優質上市公司長期投資價值顯著。

泰國股票市場的起源可以追溯到 1962 年，當時成立了泰國第一個私營股票交易所 Bangkok Stock Exchange。但由於

缺乏政府支持和投資者認知，該交易所在 1970 年代初期停止運營。

1974 年 5 月，泰國政府頒布了《證券交易法》，正式成立證券交易委員會（SEC）監管股票市場，並於 1975 年 4 月 30 日成立了泰國證券交易所（SET）。SET 最初只有 16 家上市公司，總市值僅 17 億泰銖。經過近 50 年的發展，泰國已成為東南亞股市的重要成員。截至 2023 年 4 月，SET 共有 672 家上市公司（不含債券），總市值約為 19.8 萬億泰銖，相當於泰國 GDP 總量的 110％。

認識泰國股市的交易制度

交易時間：

跟台灣股市不太相同的地方是，泰國股市中午有休息時間，泰國股市的交易時間為週一至週五上午 9:30 至下午 4:30，中午 12:00-2:00 休市，泰國法定節假日也休市。

交易規則：

泰國股市沒有漲跌停限制，但個股和指數若波動超過一

定幅度，交易所有權暫停交易 30 分鐘。賣空交易受到嚴格
限制。

交易費用：

● 泰國股市的交易費用包括手續費（約 0.15 ％ ～
0.25 ％ ）。

● 證券交易稅（銷售金額的 0.1 ％ ）。

圖表 11　泰國的主要股票指數

SET 指數	SET 指數涵蓋了泰國股票市場中上市公司的表現，是泰國股市的代表性指數。指數成分股包括 SET 上市公司中市值最高的前 50 ～ 100 家企業，按照各自的市值比重計算指數點數。
SET50 指數	SET50 指數是從 SET 指數的成分股中，選出總市值最高的 50 家公司組成，可以反映泰國股票市場的走勢。同時 SET50 指數也是許多 ETF 追蹤的標的。
mai 指數	除了主板 SET 之外，泰國還有一個中小企業板 mai（Market for Alternative Investment）。mai 指數包含了 mai 市場上的所有股票，代表了中小市值公司的整體表現。

- 股息收入需要交納 10％的預扣所得稅。

泰國股市的投資優勢

1. 經濟發展前景

泰國是東南亞第二大經濟體，經濟結構從農業國家成功轉型為工業和服務業為主的國家。隨著泰國 4.0 戰略的實施，高科技產業、數位經濟、醫療旅遊、智慧城市等新興行業，將成為未來經濟增長的動力。

2. 政局穩定

泰國軍政府於 2019 年舉行大選，並於 2022 年組建了民選政府，政治環境逐漸回歸穩定，有利於經濟發展和外商投資。在 2023 年泰國國會眾議院選舉後，由擁有 141 席的國會第 2 大黨為泰黨（Pheu Thai），和擁有 71 席的第 3 大黨泰自豪黨（Bhumjaithai）領軍的 11 黨聯盟，尋求組閣。

3. 泰國股市估值合理

和其他東南亞國家相比，泰股估值水平相對合理，SET 指數過去 5 年平均市盈率約 15 倍左右，股息率在 3％以上。

對於長期價值投資者而言，泰股有較高的性價比。

泰國股市的投資風險

1. 匯率風險

泰銖匯率的波動會影響以外幣計價的投資收益。近年來，美元兌泰銖匯率從 29 到 33 波動，最大跌幅達 12％。因此，在投資泰股時須關注匯率變化。

2. 泰國股市行業集中度高

泰國股市中，金融、能源、電信等少數幾個行業的權重較高，行業集中度較高，也欠缺電子產業類股，一旦這些行業出現系統性風險，會對整個股市造成較大影響。

3. 泰國股市市場流動性相對不足

和其他歐美等成熟股票市場相比，泰國股市的流動性相對較低，成交量和換手率偏低。這意味著股票的買賣價差較大，建倉和退出的交易成本較高。

如何參與泰國股市投資？

Step 1：開立證券帳戶

外國投資者可以在泰國券商處開立證券帳戶，須提供護照、居留證等身分證明文件，以及資金來源證明。大部分券商提供線上開戶服務。

Step 2：選擇投資標的

可根據投資目標和風險偏好，選擇合適的標的。可直接買賣個股，或透過基金、ETF 等金融工具，間接投資泰股。

Step 3：設置風險管理策略

海外投資人在參與泰股投資之前，須評估自身的風險承受能力，合理配置資產比例。同時要設置止損和止盈策略，控制投資風險。**定期評估投資組合，及時調整資產配置。**

Step 4：定期定額投資或長期投資

泰國股市波動較大，短期投機交易的難度和風險都比較高。**建議投資者以中長期投資為主，關注泰國經濟和企業的基本面變化，挑選優質標的長期持有。**透過時間的複利效應和穩定的分紅收益，獲得長期的投資回報。

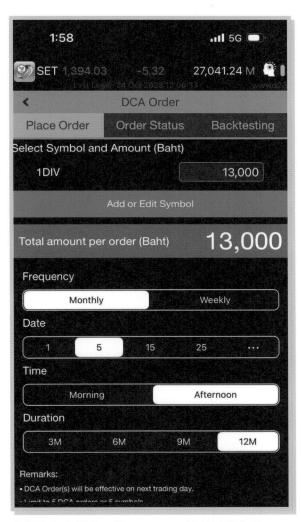

泰國定期定額高配息 ETF 1DIV 設定頁面參考。

善用高股息，
放大租金報酬率

為什麼高股息策略大受歡迎？

在投資領域中，高股息策略是一種廣受長期價值投資者喜愛的投資方法，其核心理念是透過投資和持有高股息率的優質上市公司，獲得穩定持續的現金流收益。**泰國股市以高股息率著稱，許多上市公司長期維持著 5%以上的股息收益率，對於注重穩健收益的投資者而言，極具吸引力。**

高股息策略之所以備受推崇，主要基於以下幾點投資邏輯：

1. 現金流的重要性：高股息公司通常擁有充沛且穩定的現金流，證明企業的盈利能力和財務狀況良好。定期派發高額現金股利，反映出管理層對於未來業績的信心，以及對股東利益的重視。

2. **下行保護作用**：擁有持續且豐厚的股息收入，意味著即使在股市下跌的情況下，投資者仍然可以獲得一定的正向收益。在震盪行情中，高股息水位可以抵禦股價大幅波動帶來的資本損失。

3. **退休收益計畫**：對於追求穩健的退休收益來源的投資者而言，高股息股票無疑是上佳之選。長期持有優質的高股息標的，積少成多，最終累積的被動現金流可觀，有助於保障退休生活品質。

4. **低利率環境下的吸引力**：近年來，在全球低利率環境下，銀行存款利率遠低於通貨膨脹水平，實際收益率甚至為負。反觀泰國股市中動輒 4 ～ 8% 的高股息收益率，對於尋求穩健收益的投資者大有可為。

5. **價值投資思路**：**高股息公司往往是成熟行業中的龍頭企業，業務運營穩健，市場地位難以撼動**。雖然其股價的上升空間可能有限，但合理的估值水平和優厚的股息率，仍能在長期視角下獲得不俗的總回報表現。

高股息標的都有這些特點

　　泰國股市素以高股息聞名，根據 Bloomberg 的數據，SET 指數過去 10 年的平均股息率達到 3.2％，高於全球平均水平。其中，股息率最高的公司甚至能達到 8 ～ 10％。這些高股息標的往往有一些共同的特徵：

　　1. 行業分布：傳統行業如金融、地產、公用事業、電信等，通常都是泰國高股息的重要來源。這些行業有相對穩定的經營環境和持續的現金流，因此有能力維持高額分紅。

　　2. 成熟型公司：績優的高股息公司往往已經過了高速成長期，步入成熟期。公司擁有穩健的業務模式，市場份額高，成本控制出色，因此能夠源源不斷地產生豐厚的自由現金流。

　　3. 良好的股東回報政策：這些企業把為股東創造價值放在戰略地位，透過持續穩定的高比例分紅回饋投資者，體現了管理層對投資者利益的重視，建立起互信關係。

　　4. 合理的市場估值：許多高股息標的的估值合理，市盈率和市淨率水平不高。**由於股價上漲空間有限，追逐資本利**

得的投機資金較少，股價穩定性更好。

　　5. 抗風險能力強：盈利穩定、負債率低的高分紅公司，通常能更好地經受經濟週期和市場環境的考驗。**即便在經濟衰退期，仍能維持現金股息的派發，收益更有保障。**

泰國高股息股票參考標的

　　在泰國股市中也有很多績優的高殖利股，雖然可能沒有台灣的殖利率高，但是平均都有 4% 左右，也提供想做海外置產配置的投資人一些參考。以下是幾個泰國股市中值得關注的高股息標的：

股票名稱及代號	介紹
The Siam Cement PCL（SCC.BK）	Siam Cement 是泰國最大的建材公司，同時在化工和包裝行業也占據重要地位。公司過去 10 年保持著 4～6% 的高股息率，是 SET50 指數中的核心成分股。

Bangkok Bank PCL （BBL.BK）	Bangkok Bank 是泰國資產規模最大的商業銀行，也是泰國股市中長期維持高額分紅的優質金融股。過去 5 年公司平均股息率達到 4%，股息支付比例高達 50% 以上。
Advanced Info Service PCL （ADVANC.BK）	作為泰國市占率第一的移動通信運營商，AIS 近年受惠於移動互聯網流量紅利，營收和盈利穩步增長。公司連續 10 年維持 70% 以上的高股息支付率，股息率穩定在 5% 左右。
Airports of Thailand PCL（AOT.BK）	泰國機場管理局營運曼谷兩大機場，擁有穩定的航空客運收入。得益於泰國蓬勃的旅遊市場，公司營收持續穩健增長。AOT 長期保持 60% 以上的股息支付率，平均股息率達到 3%。

高股息投資的風險與策略

　　儘管高股息策略是一種風險相對可控的投資方式，但仍存在一些需要警惕的風險點：

1. 股息下調風險：如果公司營運狀況發生變化，利潤大幅下滑，很可能削減分紅以保留現金。一旦失去高股息支撐，股價也將面臨下跌壓力。

2. 少數行業過於集中：泰國高股息股票主要集中在少數幾個傳統行業，一旦這些行業發生系統性風險，將帶來較大的投資組合波動。

3. 價值陷阱風險：部分高股息股票之所以估值較低，可能反映了其增長前景黯淡，需要仔細辨別是 real value（實質價值）還是 value traps（價值陷阱）。

4. 匯率風險：對於國際投資者而言，泰銖匯率的波動，會直接影響股息收益的換算和股票投資的總回報。

為了更好地實施高股息投資策略，可以採取以下方法：

1. 關注股息率的穩定性：選擇長期保持高股息率的公司，且注意觀察其分紅政策的一致性。

2. 結合基本面分析：**股息率高不能成為投資的唯一考量指標，要全面分析公司的財務品質、業務前景、行業地位等**，挑選真正優質的標的。

3. 適度分散投資：在不同行業挑選高股息標的，分散投資，降低集中度過高帶來的風險。

4. 定期複盤：對投資組合進行定期評估，檢視個股的股息變化、基本面趨勢，適時調整持股。

5. 可多多利用 ETF 工具：若對於精選個股沒有把握，不妨考慮透過追蹤泰國高股息指數的 ETF 參與，如 TDIV、1DIV 等。

總而言之，泰國高股息股不失為一條長期穩健的投資路徑，但身為海外投資者需要有耐心，結合基本面深入研究，同時保持靈活、嚴控風險，才能有穩健的獲利。

跟著大盤走！
這樣挑選泰股 ETF

Exchange Traded Fund（ETF，交易所交易基金）在過去十幾年風靡全球資本市場，台灣近年來 ETF 規模成長驚人，泰國股市也不例外。ETF 憑藉著投資門檻低、交易方便、費用低廉、表現穩健等優勢，受到廣大投資者的青睞。尤其對於初入泰股的海外投資者而言，投資泰國的 ETF 提供了一條輕鬆、簡單的參與泰國股市途徑。

台灣 ETF 市場的發展非常成熟，甚至可以海外輸出相關成功經驗，其中，元大投信 2012 年 11 月以技術顧問協助泰國泰京資產管理公司（Krung Thai Asset Management, KTAM）發行泰國首檔能源 ETF 後，**泰國股市熱度持續升溫，且趨勢向上，預期未來可望複製其他亞洲國家在 ETF 的發展，進入高速成長期**。本節將詳細介紹泰國 ETF 市場的發展現狀，幫助投資者全面了解泰國 ETF 投資的機會。

泰國 ETF 市場概覽

　　泰國是東南亞地區 ETF 發展最為成熟的市場之一，從 2007 年首支 ETF 基金 ThaiDEX SET50 ETF（TTF）成立至今，泰國 ETF 市場已走過 15 個年頭。根據泰國證券交易所（SET）的統計數據，截至 2023 年 4 月，泰國市場上共有 ETF 及基金 134 支，總市值約為 2,509 億泰銖。近年來，泰國 ETF 市場保持著高速增長的態勢，2021 年 ETF 份額淨流入金額達到 519 億泰銖，同時增長率高達 173％。

　　從產品種類來看，**泰國 ETF 市場涵蓋了豐富的標的指數，除了追蹤泰國股票指數的 ETF，還有以行業、投資風格、主題、債券、商品、境外市場為標的的 ETF 產品，能夠滿足投資者多樣化的配置需求。**其中 SET50 指數 ETF、SET100 指數 ETF 等大盤型 ETF 市值最大，合計占比接近 60％。近年來隨著投資者風險偏好的提升，槓桿／反向 ETF、主題類 ETF 的發行數量和規模亦持續上升。

圖表 12 泰國 12 檔 ETF 介紹

名稱	代號
ThaiDEX SET50	TDEX
BCAP MSCI Thailand Fund	BMSCITH
BCAP SET 100	BSET100
KTAM Gold Tracker	GLD
W.I.S.E KTAM CSI 300 China Tracker	CHINA
ThaiDEX SET High Dividend	1DIV
BCAP Mid Small CG	BMSCG
MTrack Energy	ENGY
KTAM SET Energy Tracker	ENY
KTAM SET Banking Tracker	EBANK
The ABF Thailand Bond Index Fund	ABFTH
United Hero ETF	UHERO

熱門 ETF 標的介紹

1. 泰國版的0050——ThaiDEX SET50 ETF（TTF）

TTF 是泰國 ETF 市場的「老大哥」，也是泰國版的 0050，誕生於 2007 年，追蹤泰國股市最重要的藍籌股指數 SET50。基金持倉比較分散，前十大成分股合計占比不足 40％。截至 2023 年 3 月，TTF 的市值達到 609 億泰銖，過往 5 年平均年化報酬率為 4.38％，年均分紅率為 2.45％。

圖表 13　ThaiDEX SET50 ETF 近五年走勢圖

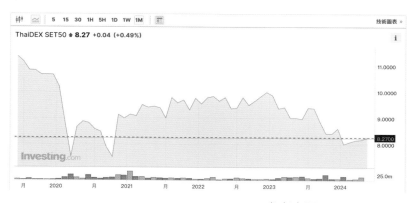

參考來源：investing.com

182

圖表 14　ThaiDEX SET50 ETF 的產業分布

行業比重 (%)

版塊		TDEX.BK
基本資料	▏	2.72%
消費週期性股票	▎	7.75%
金融服務	▌	15.51%
地產	▏	5.06%
防守性消費	▎	7.40%
醫療保健	▏	5.26%
公用事業	▎	8.71%
通訊服務	▎	8.73%
能源	▍	16.99%
工業	▌	21.36%
科技		0.52%

參考來源：Yahoo 財經

10 大持股 (佔總資產 53.22%)　　　　　　　　　　　　　　主要股票查詢

名稱	代號	% 資產
Delta Electronics (Thailand) PCL	DELTA.BK	9.10%
Ptt PCL	PTT.BK	8.52%
Airports Of Thailand PLC	AOT.BK	7.08%
Advanced Info Service PCL	ADVANC.BK	5.30%
PTT Exploration & Production PCL	PTTEP.BK	4.87%
Gulf Energy Development PCL	GULF.BK	4.35%
CP All PCL	CPALL.BK	4.17%
Bangkok Dusit Medical Services PCL	BDMS.BK	3.68%
Siam Cement PCL	SCC.BK	3.20%
SCB X PCL	SCB.BK	2.96%

參考來源：Yahoo 財經

2. ThaiDEX MSCI Thailand ETF（THMTF）

THMTF 於 2019 年發行，追蹤 MSCI Thailand Index，代表性更強。基金前十大持倉股集中度高達 62％，以金融和能源類股票為主。THMTF 市值規模達到 145 億泰銖，5 年期平均年化回報率為 4.02％，平均股息率為 2.88％。適合看好泰國金融和能源行業的投資者配置。

3. 泰國版的0056──ThaiDEX SET High Dividend ETF（1DIV）

　　泰國也有高配息 ETF，1DIV 是由 THE ONE 公司發行，所以用 1 開頭，**1DIV 全稱 ThaiDEX SET High Dividend ETF，也就是泰國版的 0056**。對於不熟悉泰國股市，但對泰國長遠看好的投資者，不妨考慮一下，算是一個安全穩妥的投資泰國高股息股票的懶人包。

　　看了一下 1DIV 的十大成分股，便會發現真的有不少泰國的龍頭民生企業，包括銀行、石油、電訊、食品等超大型企業，綜合來說，透過一支 ETF 便可以全搞定這些不錯的

圖表 16　ThaiDEX SET High Dividend ETF 近五年的走勢圖

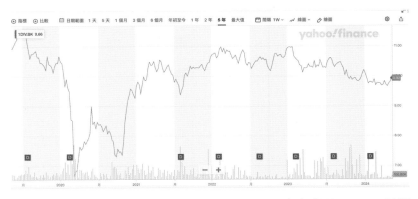

參考來源：Yahoo 財經

圖表 17　ThaiDEX SET High Dividend ETF 的產業分布

行業比重 (%)

版塊		1DIV.BK
基本資料		10.38%
消費週期性股票		0.89%
金融服務		20.00%
地產		11.56%
防守性消費		6.67%
醫療保健		2.45%
公用事業		4.90%
通訊服務		19.14%
能源		19.82%
工業		4.18%
科技		0.00%

參考來源：Yahoo 財經

圖表 18　ThaiDEX SET High Dividend ETF 的十大持股

10 大持股 (佔總資產 66.80%)　　　　　　　　　　　　　　主要股票查詢

名稱	代號	% 資產
PTT Exploration & Production PCL	PTTEP.BK	9.78%
Ptt PCL	PTT.BK	9.78%
Advanced Info Service PCL	ADVANC.BK	9.68%
Intouch Holdings PCL	INTUCH.BK	9.21%
Indorama Ventures PCL	IVL.BK	5.78%
Krung Thai Bank PCL	KTB.BK	5.65%
Land and Houses PCL	LH.BK	4.56%
TMBThanachart Bank PCL	TTB.BK	4.33%
Regional Container Lines PCL	RCL.BK	4.12%
Charoen Pokphand Foods PCL	CPF.BK	3.92%

參考來源：Yahoo 財經

高殖利率股，真的是海外投資人的一大福音。目前 2023 年的殖利率為 3.58%。

4. KTAM SET Banking ETF（EBANK）

　　EBANK 是泰國市場上規模最大的行業 ETF，成立於 2019 年，主要投資泰國銀行行業的優質標的。基金股票倉位高度集中，前三大重倉股泰京銀行、Kasikorn 銀行、Siam Commercial 銀行，合計占比超過 5 成。EBANK 目前管理規模約 210 億泰銖，3 年期平均業績表現為每年 6.33%，平均

股息率達 4.65％。是偏好金融股的投資者的優選標的。

5. KTAM SET Energy ETF（ENGY）

ENGY 是泰國首支涵蓋能源石油行業的 ETF，標的指數為 SET Energy & Utilities Index，於 2022 年 1 月掛牌上市，基金主要持倉標的包括泰國 PTT、泰國煤礦公司 Banpu、泰國發電公司 EGCO 等。ENGY 抓住了近兩年全球能源價格上漲的趨勢，2022 年以來總回報率達 38.7％，同時維持 4.5％以上股息率，是把握能源主題的好工具。

泰國 ETF 的 5 大投資優勢

泰國 ETF 市場以其豐富的標的種類、良好的流動性、較低的投資門檻，成為海內外投資者參與泰國股市的重要管道。海外投資人與直接投資泰股相比，透過購買 ETF 參與泰股投資，具備以下幾點顯著優勢：

1. 風險分散：ETF 產品透過複製指數成分股，將投資分散到數十乃至上百支股票，**能有效降低個股風險，抗跌能力更強。**

2. **交易便利**：ETF 可以像股票一樣在二級市場交易，交易時間靈活、買賣方便、手續費遠低於購買基金。

3. **透明度高**：ETF 基金持倉透明，投資者可以實時知悉自己間接持有的股票資產。**指數化投資有利於規避主動管理風險。**

4. **省時省力**：透過買賣 ETF，投資者能以較低的時間成本獲得廣泛投資，尤其適合對泰國市場不甚了解的散戶投資者。

5. **豐富工具**：除了大盤指數 ETF，泰國市場上還有行業 ETF、能源 ETF、高配息 ETF 等豐富的產品，可以靈活搭建組合。

投資泰國 ETF 須注意的風險

儘管投資 ETF 是一種較為穩健的投資方式，但是投資者仍需認識到 ETF 投資可能面臨的風險：

1. **系統性風險**：當整個股票市場下跌時，ETF 很難獨善其身，尤其是大盤指數 ETF，更容易受到大盤系統性風險

的衝擊。

2. 匯率風險：海外投資者購買泰國 ETF，最終回報率與泰銖匯率息息相關。泰銖貶值將侵蝕投資收益。

3. 追蹤誤差：ETF 的表現與其追蹤的標的指數可能存在偏離，長期持有時，追蹤誤差可能被放大。

4. 流動性風險：部分小市值 ETF 日均成交量較小，大額交易時易面臨流動性不足，買賣價差擴大風險。

簡單來說，泰國 ETF 市場為海內外投資者，提供了一個高效參與泰國資本市場的途徑。泰國 ETF 種類豐富，涵蓋股票、債券、商品等各類資產，能滿足大多數投資者的配置需求。尤其是一些大盤指數 ETF，透過複製藍籌股指數，在分散風險的同時，仍能獲得不錯的投資回報。但是海外投資者在享受 ETF 投資便利性的同時，也要了解其風險所在，根據自身的風險承受能力，來選擇 ETF 產品。**透過定期定額的方式長期投資 ETF**，或是像 Dr. Selena 用每月房租定期定額購買泰國高配息 ETF 1D1V，或 KTAM SET Banking ETF（EBANK），都是簡單參與泰國股市的最佳選擇。

泰國投資人喜歡買的
IFF 是什麼？

Dr. Selena 在研究泰國股票市場時發現，泰國股市跟台灣股市的不同就是，除了傳統的股票投資之外，還有一類特殊的投資標的──基礎設施基金（Infrastructure Fund，簡稱 IFF），近年來備受許多投資者青睞。IFF 是台灣投資市場中比較少看到的投資標的，所以本節 Dr. Selena 將深入介紹泰國 IFF 的投資特點、優勢與風險，幫助投資者全面認識這一頗具泰國特色的投資品種。

什麼是基礎設施基金（IFF）？

泰國的基礎設施基金，是指以基礎設施項目或相關資產為投資標的的共同基金。投資者透過購買基金份額，間接享有這些基礎設施項目運營收益的分配權。泰國是東南亞

地區率先發展 IFF 的國家，第一支 IFF 基金 Amata B.Grimm Power Plant Infrastructure Fund（ABPIF）於 2013 年 8 月在泰國證券交易所掛牌上市。

按照泰國證監會的規定，IFF 可以投資的基礎設施項目包括以下 12 個領域：

1. 鐵路、輕軌、單軌。

2. 電力、發電廠。

3. 高速公路、道路、橋梁、隧道。

4. 港口、碼頭。

5. 機場。

6. 自來水。

7. 電信基站。

8. 替代能源。

9. 水利、灌溉。

10. 汙水處理。

11. 天然氣、石油管道。

12. 公共交通系統。

投資泰國 IFF 最大的優點，就是受到稅收優惠政策支持，在基金成立後的 10 年內，對投資者的分紅免徵 10％的預扣所得稅，稅後收益率更高。

IFF 有這些投資特點

1. 穩定的現金流回報

IFF 所投資的基礎設施項目，通常具備穩定的現金流和可預測的收入，風險相對可控。以發電廠類 IFF 為例，與電力公司簽訂長期購電協議，在特許經營權存續期內，享有持續穩定的電費收入。投資者透過持有 IFF，相當於擁有了一項固定收益資產，能享受穩定的分紅。

2. 高於債券的收益率

這些基礎設施幾乎是政府特許經營的性質，投資回報相對固定，風險不高，但是收益率卻往往高於國債等固定收益產品。以 2023 年 4 月為例，泰國 10 年期政府債券收益率為 2.5％左右，而泰國 IFF 的市場平均收益率約為 6％，遠高於同期限的債券收益。

3. 長期投資，複利效應明顯

基礎設施項目的投資回報期動輒 10 ～ 30 年，屬於長期投資品種。這意味著海外投資者如果選擇 IFF，更多的是長期價值投資的思路，而非短期投機或波段操作。**長期持有 IFF，每年滾存再投資分紅所得，雪球複利效應十分顯著。**

4. 抵抗通貨膨脹

基礎設施的收費通常與通脹率掛鉤，例如自來水、電力、天然氣、高速公路通行費等，在物價上漲的環境下有提價的空間，有利於保持 IFF 基金的「真實」回報。在全球通膨高漲的時代背景下，IFF 的抗通脹屬性凸顯，對於追求實際收益的投資者極具吸引力。

5. 低Beta值，波動性小

Beta 值是指股票價格的波動率與大盤波動率的比值，反映股票價格相對於市場的敏感度。**泰國 IFF 的 Beta 值普遍低於 1，意味著其價格波動性小於市場平均水平。受益於 IFF 的穩定現金流和固定回報特性，其股價在震盪行情中抗跌性更強。**

6. 高分紅比例，股息率具吸引力

根據泰國證監會的強制規定，IFF 必須將每年淨收入的 90％以上用於分紅。IFF 平均配息率保持在 4 ～ 8％區間，並且每年分紅頻率高達 4 次（按季度分紅）。與其他固定收益產品相比，**IFF 以其「高股息＋長期資本增值」的特性，成為泰國在東南亞地區獨樹一幟的投資商品**，也是海外投資人另一種不錯的投資選擇。

泰國 IFF 市場概覽

泰國 IFF 市場經過十年發展，無論是數量規模還是種類都有明顯提升。截至 2023 年 4 月，泰國證券交易所共掛牌上市 20 支 IFF 產品，總市值達 2,337 億泰銖。其中數位通訊設施、發電廠、輕軌、航空設施、高速公路是主要投資領域。以下是幾支市場代表性 IFF 產品：

基金名稱＆代號	上市時間	投資領域
Digital Telecommunications Infrastructure Fund (DIF)	2013/12/27	電信鐵塔、光纖網路
Amata B.Grimm Power Plant Infrastructure Fund (ABPIF)	2013/08/07	天然氣發電廠
BTS Rail Mass Transit Growth Infrastructure Fund (BTSGIF)	2013/04/19	曼谷 BTS 輕軌
Jasmine Broadband Internet Infrastructure Fund (JASIF)	2015/02/16	寬頻網路
Asia Biomass PCL (ABM)	2020/09/25	垃圾焚燒、沼氣發電

　　相較股票投資，IFF 不易受到經濟週期的影響，**在市場波動時期，IFF 憑藉其穩定的收益和低風險特性，往往成為投資者的「避風港」**。在美聯儲持續加息、全球經濟衰退預期升溫的背景下，泰國 IFF 市場仍保持活躍，2022 年 IFF 基金的平均收益率高達 5.45％，交投量和換手率亦穩步上

升。不少基金管理機構看好 IFF 的投資價值，未來幾年內，泰國 IFF 市場有望迎來 100 億泰銖的基金增值規模。

IFF 投資的風險提示

泰國 IFF 市場，為投資者提供了兼具固定收益和資本增值的投資管道，但是在享受 IFF 的超額回報的同時，投資者也需警惕以下風險：

1. 單一標的集中風險

許多 IFF 基金的投資標的高度集中，一旦核心資產發生違約或重大經營事故，將嚴重影響 IFF 的現金流和盈利能力。

2. 利率風險

IFF 融資成本主要為銀行貸款利率，如遇利率上行週期，將推高財務槓桿成本，影響基金收益率。部分基礎設施項目調價並不靈活，短期內難以完全轉嫁成本上漲。

3. 監管政策變動風險

基礎設施行業屬於政府特許經營，政策導向和監管環

境變化將直接影響 IFF 的投資價值。例如特許經營權提前終
止、關稅調整等，都可能影響 IFF 的盈利和分紅預期。

4. 匯率風險

海外投資者持有泰國 IFF，最終回報與泰銖匯率掛鉤。
泰銖兌美元和其他主要貨幣的波動，將使得以外幣計價的
IFF 投資收益產生不確定性。

綜上所述，泰國 IFF 是一個兼具收益和成長的投資品
種，合理配置 IFF 產品有利於分散投資組合風險，提升整體
收益水平。但是 IFF 並非「免費的午餐」，投資者需全面權
衡基金的投資標的、分紅能力、財務狀況，仔細研究評估
後，選擇優質標的長期持有。同時**建議分批建倉，定期調
倉，做好匯率避險和流動性管理**，才能安心享受泰國 IFF 市
場的長期投資紅利。

Step by step ！
泰國證劵 app 這樣操作

泰國的股票市場十分歡迎海外投資者參與，不過每一個交易市場會有些不同，而泰國股市與台灣股市最大的不同之處，就是於泰國證券交易所主板上市的公司股份，會被分為三大類別：①泰國本地人股、②外地人股、③無投票權存托憑證（NVDR）。

1. 泰國本地人股

自然是供任何擁有泰國國籍人士交易。股票持有人有權收取股息，及在股東大會上投票，在泰國股票市場，本地人股的交易一般會比較活躍。不過，即使是非泰國籍投資者，其實也可以交易泰國本地人股，最大差別就是沒有收取股息和投票的權利。

2. 外地人股

這是泰國交易所特地為非泰國籍投資者設立的。外地人

股持有人即使並非泰國籍，同樣可享有收取股息和投票的權利。不過，許多非泰國籍的投資者其實比較偏好交易本地人股，因為外地人股經常出現成交量不足的問題，而且買賣差價也會較大。

3. 無投票權存托憑證（NVDR）

這是泰國本地人、外地人及機構投資者皆可使用的投資工具，一般來說，交易程序與買賣一般本地人股沒有什麼差別，並使用本地人股報價作為參考，持有人亦可以收取股息。最大不同的地方，就是 NVDR 持有人於股東大會表決議案時並沒有投票權，除非議案涉及上市公司除牌，持有人才有權投票。

因此，**建議外國投資者購買 NVDR，這樣可以確保有資格獲得股息和其他福利，但不包括投票權。**以 NVDR 購買的股票符號將顯示為 xxx-R。更多有關如何在設備上設置 NVDR 的訊息，可參考網站：https://www.kasikornsecurities.com/en/startinvesting/setnvdr

如果客戶在購買股票之前忘記設置 NVDR 狀態，股票經紀人可以在同一交易日或結算日期前，幫助其更改訂單為

NVDR。

然而，對於已購買本地股票少於 3 個月，且沒有任何公司行動（編按：指上市公司進行一些股權、股票等影響公司股價和股東持倉變化的行為）發生的情況，可以透過購買股票的經紀公司，轉換為 NVDR。購買超過 3 個月或少於 3 個月，但發生公司行動的證券，只能在外國持股可用時，從本地類型股票轉換為外國類型股票。

從本地轉換為 NVDR，或從本地轉換為外國類型的轉換費用，為每家上市公司 20 泰銖。股票成本將標記為轉換日期的收盤價，但客戶支付的實際成本保持不變。

如何購買／出售 NVDR 股票？

NVDR 是由泰國 NVDR 公司（SET 的子公司）發行的，經證券交易委員會（SEC）批准的交易工具，並在 SET 主板上市和交易。NVDR 持有人將獲得配股和股息的權利，但無投票權。以下分享購買／出售 NVDR 股票的流程（實際顯示頁面會依每次更新版本而有所異動，僅供參考）：

1. **登錄 K-Cyber Trade / Streaming 應用程序:** 登錄後,進入主頁面,選擇「我的選單」,然後點擊「查看更多」選項。

2. **選擇「設置」:** 在「更多」菜單中選擇「設置」選項。

3. **啟用 NVDR:** 在設置頁面,找到 NVDR 選項並啟用。

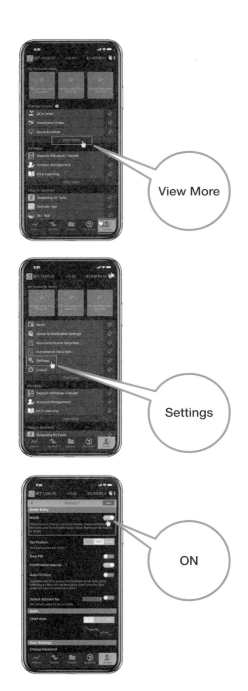

投資泰股不可不知的相關稅務

投資泰國股票市場時，投資者不可避免會涉及到各項稅費問題。對於海外投資者而言，清楚了解泰國的稅收政策和具體規定，是合法合規參與泰股投資的前提。本節將詳細介紹泰國股市投資中的相關稅種、稅率和繳納方式，幫助投資者全面深入探討泰股投資的稅務合規事項。

資本利得稅（Capital Gains Tax）

泰國對於股票交易的資本利得徵稅規定如下：

- 對於泰國籍個人投資者，出售股票取得的資本利得免徵所得稅。

- 對於泰國公司法人，股票交易所得應併入公司總收入，適用 20％的企業所得稅率。

- 對於外國個人投資者，出售股票取得的資本利得也免徵所得稅。
- 對於外國法人投資者，須就股票交易所得繳納15％的預提所得稅。

需要注意的是，免稅政策是有條件的，僅適用於在泰國證券交易所，或泰國證監會批准的其他交易場所進行的股票交易。場外交易（Over-the-counter）和非公開交易（Private transactions）取得的股票轉讓收益，仍須按15％稅率繳納預提所得稅。

股息稅（Dividend Tax）

泰國上市公司向股東分配股息紅利時，相關稅收規定如下：

- 對於泰國籍個人投資者，取得的股息收入適用10％的預提所得稅率。預提稅由派發股息的上市公司在源頭扣繳，個人投資者實際取得的股息，為扣稅後

的淨額。

- 對於泰國公司法人股東，從其他泰國公司取得的股息收入免徵企業所得稅。但前提是持股時間須超過 3 個月，且持股比例須至少達到 25%。
- 對於外國個人投資者，取得泰國上市公司股息適用 10%的預提所得稅率。
- 對於外國公司法人股東，從泰國上市公司取得的股息收入適用 10%的預提所得稅率。如果外國公司股東來自與泰國簽訂避免雙重徵稅協定的國家，在滿足一定條件的情況下，預提所得稅率可以進一步降低。

特殊的免稅政策是泰國基礎設施基金（IFF）的一大亮點。**根據泰國稅法規定，投資者從 IFF 基金中獲得的股息收入，在基金成立後的 10 年內，免徵 10%的預提所得稅**。這一優惠政策極大地提高了 IFF 的稅後收益率，加上 IFF 本身具備的穩健收益特性，使其成為泰國投資者稅收規劃的投資工具之一。

印花稅（Stamp Duty）

泰國股票交易印花稅在 2022 年已正式取消。在此之前，泰國股票買賣雙方需按成交金額的 0.1％繳納印花稅，由賣方代扣代繳。取消股票交易印花稅的舉措，是泰國政府為了提振股市交投活躍度而推出的，**印花稅的取消直接為投資者節省了交易成本。**

證券交易稅（Securities Transaction Tax）

泰國對於股票交易徵收 0.1％的證券交易稅，由賣方負擔，在交割時由經紀券商代扣代繳。證券交易稅的計稅基礎，為股票賣出的成交金額。

以下類型的股票買賣可免徵 0.1％的證券交易稅：

- 初始公開發行（IPO）認購股票。
- 投資者賣出其持有超過 1 年的股票。
- 做市商（Market Maker）從事做市交易。

需要指出的是，泰國政府為了維護股市穩定，可能會視市場情況調整證券交易稅稅率。2020 年新冠疫情爆發初期，為了應對股災，泰國政府曾緊急調降證券交易稅稅率至 0.05％。因此，投資者還需及時跟蹤相關稅收政策的臨時性變動。

綜合以上發現，**泰國股市投資的相關稅收政策，總體上對投資者較為友善，尤其是對外國投資者的資本利得免稅政策，大大提升了泰股市場的吸引力**。同時，泰國資本市場的稅收優惠措施也在不斷推陳出新，IFF 的股息 10 年免稅、2022 年股票交易印花稅的取消等，都彰顯了泰國政府擴大資本市場開放、完善投資者回報機制的長期決心。

然而，泰國稅法畢竟與其他國家存在不同之處，對於跨境投資而言，還需考慮本國與泰國之間的稅收協定，全面分析投資收益的實際稅負水平。同時，股息的預提所得稅、IFF 基金的免稅期限等，都對投資者在泰國的資產配置策略產生重要影響。

建議有意投資泰國股市的投資者，可尋求專業的稅務顧問做具體諮詢，深入了解泰國稅法與國際稅收協定，在合

規前提下實現投資收益最大化。透過 tax planning 將資金在境外市場靈活配置，把握泰國乃至東南亞地區潛在的投資機會，將有利海外投資者做好聰明的全球資產配置計畫。

Chapter

4

〔投資實戰 C 養老〕

泰幸福了！
退休養老的最佳選擇

穩坐亞洲 NO.1！
為何大家都想在泰養老？

泰國近年來在許多評比中，多次被評選為亞洲最適合退休養老的國家。根據美國《國際生活》（*International Living*）雜誌於 2022 年發布的「全球退休目的地指數報告」（Annual Global Retirement Index），泰國在亞洲國家中排名第 1，在全球則位居第 11 名。

圖表 19 全球最佳退休城市：
泰國排名亞洲第 1 名 & 全球第 11 名

排名	國家	住房	福利	簽證／居留	適應度／娛樂	發展程度	氣候	醫療保健	政府管理	機會	生活成本	平均成績
1	巴拿馬	80	96	100	89	80	80	88	82	84	82	86.1
2	哥斯大黎加	74	88	91	92	82	80	97	80	79	88	85.1
3	墨西哥	86	79	88	94	82	86	90	70	72	91	83.8
4	葡萄牙	87	86	64	87	88	88	96	79	74	84	83.3

排名	國家	住房	福利	簽證／居留	適應度／娛樂	發展程度	氣候	醫療保健	政府管理	機會	生活成本	平均成績
5	厄瓜多	84	95	90	84	75	87	81	72	71	92	83.1
6	哥倫比亞	77	78	88	82	82	87	93	69	69	92	81.7
7	法國	65	75	68	74	96	82	84	90	71	78	78.3
8	馬爾他	66	76	86	90	81	63	72	72	76	75	75.7
9	西班牙	69	62	60	85	86	72	96	76	66	81	75.3
10	烏拉圭	66	74	76	76	88	58	76	84	69	79	74.6
11	泰國	71	56	82	81	81	58	80	74	56	90	72.9
12	愛爾蘭	60	60	62	86	95	58	84	80	71	71	72.7
13	祕魯	66	56	82	67	56	87	78	72	70	91	72.5
14	柬埔寨	70	62	70	82	66	57	74	78	70	94	72.3
15	馬來西亞	75	64	40	56	92	62	90	70	78	93	72
16	峇里島	58	72	56	79	64	62	70	64	70	95	69
17	斯里蘭卡	66	57	64	74	70	78	60	70	57	93	68.9
18	越南	72	60	40	74	70	60	84	70	56	96	68.2
19	義大利	68	60	54	79	67	58	84	65	58	80	67.3

資料來源：International Living

近年來，泰國也成功吸引了很多外國人前往養老，以下幾個原因，說明了為什麼泰國成為亞洲最佳養老國家：

圖表 20　泰國適合養老的 8 個因素

相對便宜的生活成本

泰國的物價水平較歐美先進國家相對較低，包括飲食、交通、醫療等各方面的支出，都很經濟實惠。以首都曼谷

為例，單身退休者每月僅需約 1,000 美金左右，就能過上相當優質的生活。在其他如清邁（Chiang Mai）、華欣（Hua Hin）等城市，生活成本更是只有曼谷的一半左右。對於想要安享晚年生活的退休族而言，泰國的物價便宜絕對是一大優勢。

完善的醫療體系

泰國擁有亞洲數一數二的優質醫療體系，無論是公立醫院還是私人醫院，都能提供優良的醫療服務。泰國的醫療費用相較於許多西方國家，要來得更加實惠，加上語言溝通無礙，**很多國際醫院甚至提供五種語言的服務，促使許多外國人選擇到泰國進行醫療觀光（medical tourism）**。對於年長的退休人士來說，完善且負擔得起的醫療體系，更是選擇養老地點的重要考量。

多元友善的移民政策

　　為了吸引更多外國人士到泰國養老，泰國政府推出了多項非常友善的移民政策，例如，專門**針對 50 歲以上外籍人士的退休簽證（Non-Immigrant O-A Visa），申請門檻相對較低**。此外，泰國政府還推出了「**泰國精英簽證」（Thailand Elite Visa）計畫，提供更長的居留期限以及更多尊榮禮遇**，讓許多外國退休人士能更加便利地在泰國安享晚年生活。

宜人的熱帶氣候

　　泰國位於熱帶氣候區，全年溫暖宜人，白天溫度通常維持在 25 至 35°C 之間，非常適合不耐嚴寒的年長者居住。泰國的乾季（11 月至 4 月）氣候涼爽，是最舒適的季節；雨季（5 月至 10 月）雖然經常下雨，但通常為短暫的陣雨，不會持續一整天。對於許多來自歐美寒冷國家的退休人士而言，每天能在溫暖的陽光下悠閒地度過養老生活，是再好不過的享受。

多元的文化體驗

　　泰國是一個歷史悠久的佛教國家，有著深厚的文化底蘊和濃厚的宗教氣息，處處可見金色佛寺、佛像等宗教景觀，讓人感受到心靈的平靜與祥和。此外，泰國還有豐富多元的傳統節慶活動，如潑水節（Songkran Festival）、水燈節（Loi Krathong）等，展現出泰國人的熱情好客和樂觀態度。對於許多嚮往異國文化體驗的退休人士來說，在泰國養老不僅可以享受舒適的生活，還能體驗東方傳統的文化氛圍。

外國退休社群支援

　　泰國還有另一項吸引外國退休人士的特點，那就是廣大的外國退休社群。由於泰國多年來一直是熱門的退休勝地，因此在曼谷、清邁、普吉島（Phuket）、華欣、芭堤雅（Pattaya）等城市，都有許多來自歐美、日本、韓國、俄國等國的退休人士定居。

　　這些退休社群經常舉辦各種聚會、活動，讓退休海外的

年長者們能夠交流情誼、互相支援。尤其對於初到泰國的退休人士來說，能夠快速融入當地的外國人相關社群，無疑有助於盡快適應新的生活環境。

便利的生活設施

尤其是曼谷等大城市，日常生活設施非常完善，到處都有大型購物中心、連鎖超市、便利商店，購買日常用品十分方便。另外，一般泰國的銀行體系也相當發達，**許多銀行如泰國盤谷銀行（Bangkok Bank）、泰國開泰銀行（Kasikorn Bank）等，都提供英語的服務，方便外籍人士開戶和進行各項金融交易。**

近年來，隨著網路數位科技的普及發展，國際線上購物和外送平台如 Lazada、Food Panda 等，也在泰國發展迅速，便利的購物方式，讓退休人士不須出門，就能享受貼心的生活服務。

豐富的休閒娛樂

泰國擁有豐富的自然和文化景觀，是休閒度假的絕佳地點。你可以到北部的清邁體驗古樸寧靜的慢活氣氛，也可以到南部的普吉島、蘇梅島（Koh Samui）等海島，享受陽光沙灘和各種熱門的海上活動。

泰國還以美味的街頭小吃和精緻的泰式料理聞名，許多城市如曼谷、清邁、華欣等，都有夜市和米其林餐廳，提供饕客們色香味俱全的各種美食選擇。此外，泰國的 SPA 按摩業也非常發達，從奢華的五星級飯店，到車站路邊的小型按摩店，都提供以優惠價格就能享受到的專業按摩服務。對於外國退休人士來說，在泰國能夠盡情享受多采多姿的休閒生活，可謂是養老生活的大大加分！

泰國之所以成為亞洲最收歡迎的養老國家，除了因其低廉的生活成本、完善的醫療體系、友善的移民政策、宜人的氣候和多元的文化體驗外，更重要的是泰國人熱情好客、友善包容的民族性，讓許多外國退休人士感受到賓至如歸的溫

暖。以下整理出在泰國養老的各項優勢：

項目	優勢
生活成本	泰國物價水平低，飲食、交通、醫療等支出經濟實惠。
醫療體系	擁有亞洲數一數二的優質醫療體系，費用相對合理。
移民政策	推出多項友善的移民政策，如退休簽證、泰國精英簽證等。
氣候環境	位於熱帶氣候區，全年溫暖宜人，適合年長者居住。
文化體驗	有著深厚的佛教文化底蘊，以及豐富多元的傳統節慶活動。
外國退休社群支援	在曼谷、清邁、普吉島、華欣、芭堤雅等城市，都有許多外籍退休人士定居。這些退休社群經常舉辦各項活動，讓退休海外的年長著們能夠交流情誼。
便利的生活設施	到處都有大型購物中心、連鎖超市、便利商店，購買日常用品十分方便。
豐富的休閒娛樂	泰國擁有豐富的自然和文化景觀，是享受旅遊、休閒度假的絕佳地點。

外國人在泰養老需注意相關事項

儘管泰國是亞洲最佳的養老國家，但外國人在決定到泰國養老前，還是需要考慮以下幾個注意事項：

● **語言溝通問題**

泰語是泰國的官方語言，雖然在曼谷等觀光大城市中，英語的普及率較高，但在偏遠地區或是面對年長的泰國人時，溝通可能會有些困難。因此，若計畫長期在泰國養老，建議有機會還是學習一些基礎的泰語，或是選擇在外籍人士較多的社區中居住，以減少語言溝通上造成的不便利。

● **簽證申請手續**

申請泰國的退休簽證需要準備一系列的文件，包括財力證明、健康保險證明或良民證等，手續上可能會有些繁瑣。若是首次申請，建議可以尋求專業的簽證代辦公司協助，以確保申請過程順利。此外，在簽證有效期間，還需要每年進行延簽，並且每90天向移民局報到一次，這些都是想長期在泰國居住、養老的外國人，需要特別留意的事項。

- 醫療保險問題

雖然泰國的醫療費用比起歐美等先進國家相對便宜，但對於年長的退休人士來說，還是**建議大家購買合適的醫療保險，以應對可能發生的緊急狀況**。在選擇保險公司及保險方案時，除了考慮保障範圍和保費高低外，還需要留意是否有年齡限制，或是既有疾病不保等條款，以免影響自身投保的權益。

- 文化差異和語言隔閡

泰國畢竟是東方國家，**在文化習俗和價值觀念上，與西方國家有著不小的差異**。例如，泰國人非常注重「面子」，不喜歡在公開場合爭論或表現出負面情緒；再如，泰國人在討論問題時，往往不會直接表達反對意見，而是委婉地提出建議。對於不熟悉泰國文化的外國人來說，在生活中難免會遇到一些溝通和相處上的問題。語言障礙也是一大挑戰，若是不諳泰語，在日常生活中與當地人溝通，或是處理一些官方文件時，恐怕會有諸多不便。

- 異鄉生活的孤獨感

離開熟悉的家鄉，在異國他鄉養老，難免會感到孤獨和

思鄉。尤其是對於一些獨居的年長者來說，在沒有家人朋友陪伴的情況下，生活中缺乏情感上的支持和慰藉。雖然前文提到，泰國有著廣大的外國退休社群，能夠提供一定的社交支持，但畢竟無法完全取代親人的陪伴。因此，若是計畫長期在泰國養老，不妨提前與家人溝通，爭取他們的諒解和支持，並約定定期探望或是輪流到泰國小住，以緩解思鄉之情。

● 應對突發狀況的能力

在異國他鄉生活，難免會遇到一些突發狀況，例如生病、意外、法律糾紛等。在這些狀況下，若是語言不通，又不熟悉當地的法律和行政程序，恐怕會手足無措。因此，在平時就要多學習一些基本的泰語，以應對緊急情況；此外，**也要提前了解和建立當地的醫療、法律等支援管道，萬一遇到狀況，也能及時獲得幫助。**

養老／居留簽證
怎麼申辦？

泰國以其宜人的氣候、低廉的生活成本和優質的醫療服務，成為許多外國人心目中理想的退休養老勝地之一。泰國政府為了吸引更多外國人來泰國長期居住，推出了多種簽證選擇，其中最適合退休人士的就是**非移民 OA 簽證**（**Non-Immigrant O-A，俗稱「養老簽證」**）和最新推出的**長期居留簽證**（**Long-Term Resident Visa，簡稱 LTR 簽證**）。

本節將詳細介紹這兩種簽證的申請條件、所需文件、申請流程，以及可享受的優惠，幫助有意在泰國養老的外籍人士，順利獲得居留權。

非移民 OA 簽證（養老簽證）

非移民 OA 簽證是專門為 50 歲以上的外國人士設計的

長期居留簽證，也被稱為「養老簽證」。**持有該簽證的外籍人士，可以在泰國連續居留一年，到期後可以延簽，沒有續簽次數的限制**。以下是申請非移民 OA 簽證需要滿足的相關資訊及流程：

圖表 21 **移民 OA 簽證需要滿足的相關資訊及流程**

申請條件	● 年滿 50 歲。 ● 持有效護照，且護照有效期需大於 18 個月。 ● 無犯罪紀錄證明。 ● 健康證明，需由衛生部指定的醫院出具，證明申請人沒有麻瘋病、結核病、梅毒、吸毒和嚴重的酗酒問題。 ● 財力證明，需滿足以下任一條件： 1. 在泰國銀行帳戶存款不少於 80 萬泰銖，且存款時間不少於 60 天。 2. 全球範圍內的年收入不少於 6 萬 5 千泰銖。 3. 在泰國銀行帳戶存款與全球年收入之和，不少於 80 萬泰銖。
所需文件	● 填寫完整的非移民 OA 簽證申請表（TM.7）。 ● 6 個月內拍攝的白底彩色照片 4 張，規格為 4 厘米 ×6 厘米。 ● 護照原件（有效期需大於 18 個月）和護照資訊頁面的複印件一份。

所需文件	<ul><li>泰國銀行出具的存款證明原件，需證明在申請之日有足夠的存款金額，且銀行帳戶需開立滿 60 天以上。</li><li>3 個月內由原籍國警察機關出具的無犯罪紀錄證明，需經過公證並翻譯成泰文或英文。</li><li>由衛生部指定的醫院出具的健康證明原件。</li><li>財力收入證明文件，需經過公證並翻譯成泰文或英文。</li></ul>
申請流程	1. 在泰國駐申請人原籍國的使領館，或者泰國移民局申請非移民 OA 簽證。 2. 遞交所需文件並繳納簽證費。 3. 等待簽證審核，通常需要 3 ～ 5 個工作日。 4. 獲得簽證後，可在簽證有效期內入境泰國。 5. 入境後 90 天內，需到當地移民局辦理居留許可證（Re-Entry Permit）。 6. 每年需要到移民局延簽非移民 OA 簽證。

　　建議在申請簽證前先到泰國旅遊，實地考察生活環境，確定是否適合自己的養老需求。為了確保順利獲得非移民 OA 簽證或 LTR 簽證，申請人需要注意以下幾點：

　　1. 提前準備所需文件，尤其是財力證明、無犯罪紀錄
　　　 證明和健康證明，需要公證和翻譯，會花費一定的

時間。

2. 仔細填寫申請表，提供真實準確的個人資訊。

3. 了解並遵守簽證的相關規定，如90天報到、延簽等。

4. 記得隨身攜帶所需文件的副本，以備在泰國境內辦理其他手續時使用。

長期居留簽證（LTR 簽證）

2022 年 9 月，**泰國政府推出了長期居留簽證（LTR 簽證），旨在吸引高端人士、投資者和專業技術人才來泰國長期居住和工作，促進泰國經濟發展**。LTR 簽證提供了 10 年的居留期限，可分為兩個 5 年期，滿足續簽條件即可延長。雖然 LTR 簽證主要面向的是在泰國工作的外籍人士，但其中的「**富裕退休人士**」類別也非常適合計畫在泰國養老的外國人申請。以下是「富裕退休人士」LTR 簽證的相關資訊：

申請條件	● 年滿 50 歲。 ● 在申請時，全球年收入不少於 8 萬美元；如果年收入介於 4 萬～8 萬美元之間，需要在泰國投資至少 25 萬美元，投資標的可以是泰國政府債券、在泰國證券交易所上市的公司股票或泰國不動產。 ● 須提供財力證明文件，如銀行對帳單、退休金收入證明等。 ● 在泰國有健康保險，保額需涵蓋至少 5 萬美元的住院和醫療費用，或者在泰國銀行的帳戶，存款不少於 10 萬美元。
可享受的 優惠	● 10 年有效的簽證，可在泰國連續居留，每 5 年延簽一次。 ● 每年向移民局報到一次，取代 90 天報到。 ● 工作許可，可以在泰國境內合法工作。 ● 個人所得稅優惠，對於在泰國的高收入人群，其個人所得稅稅率可享受 17%的優惠稅率。 ● 免除 4：1 的雇員比例限制，即聘用一名外國人，無須同時聘用 4 名泰國人。

兩種簽證比一比

以下是非移民 OA 簽證和 LTR 簽證，在申請條件和享

受待遇方面的比較：

簽證類型	養老簽證	LTR 簽證（富裕的退休人員，Wealthy Pensioner）
年齡要求	50 歲以上。	50 歲以上。
財力要求	存款 80 萬泰銖或年收入 6 萬 5 千泰銖，或兩者之和不少於 80 萬泰銖。	申請前一年符合全球被動年收入 8 萬美元以上；年收入 4～8 萬美元者，需投資泰國不動產 25 萬美元。
體檢要求	需提供健康證明，證明沒有法定禁止入境的疾病。	不需要。
簽證有效期	1 年，可延簽，沒有次數限制。	10 年（5＋5），到期可續簽。

＊詳細資訊可參考附錄 6 LTR 簽證相關說明。

對於希望在泰國享受優質退休生活的外籍人士來說，非移民 OA 簽證和 LTR 簽證都是不錯的選擇。只要仔細對比兩種簽證的申請條件和可享受的待遇，選擇更適合自己的簽證類型，並提前做好準備工作，相信一定能夠順利在泰國開啟美好的養老生活。

在泰國養老
需要花多少錢？

泰國以其低廉的生活成本和優質的退休生活品質，吸引了眾多外籍人士來此養老。但是，在做出移居泰國養老的決定之前，我們有必要詳細了解在泰國養老的各項費用，以便更好地規劃退休生活。

　　本節將分別從 Housing（住房）、Food（飲食）、Healthcare（醫療保健）、Transportation（交通）、Entertainment and Leisure（娛樂休閒）等方面，詳細介紹在泰國養老的各項花費，幫助大家更加全面地了解在泰國養老的真實成本。

住宿相關費用

　　房子是在泰國養老最大的一筆開支。泰國的房價和租

金，會因地區不同而有較大差異。一般來說，曼谷、芭堤雅、普吉島等熱門旅遊城市的房價和租金，會比其他地區高出不少。以下是幾個熱門城市的住房費用參考：

曼谷

- 市中心公寓租金：10,000 ～ 30,000 泰銖／月（約合台幣 9,000 ～ 27,000 元／月）

- 市郊公寓租金：5,000 ～ 10,000 泰銖／月（約合台幣 4,500 ～ 9,000 元／月）

- 市中心獨棟別墅（2 ～ 3 房）購買價格：400 萬～ 800 萬泰銖（約合台幣 360 萬～ 720 萬元）

清邁

- 市中心公寓租金：5,000 ～ 15,000 泰銖／月（約合台幣 4,500 ～ 13,500 元／月）

- 市郊公寓租金：3,000 ～ 5,000 泰銖／月（約合台幣 2,700 ～ 4,500 元／月）

- 市郊獨棟別墅（2 ～ 3 房）購買價格：200 萬～ 400 萬泰銖（約合台幣 180 萬～ 360 萬元）

芭堤雅

- 市中心公寓租金：8,000 ～ 20,000 泰銖／月（約合台幣 7,200 ～ 18,000 元／月）
- 市郊公寓租金：4,000 ～ 8,000 泰銖／月（約合台幣 3,600 ～ 7,200 元／月）
- 市郊獨棟別墅（2 ～ 3 房）購買價格：300 萬～ 600 萬泰銖（約合台幣 270 萬～ 540 萬）

除了以上幾個主要城市，在華欣、喀比（Krabi）等較小的旅遊城市，房價和租金會更加便宜。總的來說，在泰國租一套設施齊全的一房公寓或套房，每個月的花費大約在 10,000 ～ 15,000 泰銖（約合台幣 9,000 ～ 13,500 元）之間。如果選擇購買房產，一套一到兩房的公寓，價格大約在 200 萬～ 600 萬泰銖（約合台幣 180 萬～ 540 萬元）之間，比起歐美、日韓等發達國家，要便宜許多。

飲食相關費用

　　泰國美食以其豐富的種類和實惠的價格聞名於世，這也是許多外籍人士選擇在泰國養老的原因之一。在泰國，無論是街頭美食還是西式餐廳，都能以合理價格品嘗到美味佳餚。以下是在泰國用餐的大致費用：

街頭小吃

- 泰式炒飯／麵：30 ～ 50 泰銖
- 烤肉串：10 ～ 20 泰銖
- 鮮榨果汁：20 ～ 40 泰銖

平價泰式餐館

- 泰式綠咖喱雞飯：60 ～ 100 泰銖
- 冬陰功湯麵：60 ～ 100 泰銖
- 泰式奶茶：30 ～ 50 泰銖

西式餐廳

- 義大利麵：100 ～ 200 泰銖
- 牛排：200 ～ 400 泰銖
- 漢堡套餐：150 ～ 250 泰銖

除了在外用餐，許多外籍人士也會選擇自己烹飪。在泰國，生鮮食材的價格非常實惠。一個人每天的飲食費用大約在 300 ～ 500 泰銖之間，比起歐美、日韓等發達國家要便宜許多。如果自己在家烹飪，每天的飲食費用可以控制在 200 ～ 300 泰銖左右。

醫療保健費用

泰國以其優質的醫療服務和實惠的價格聞名於世，是許多外籍人士選擇在此養老的重要原因之一。在泰國，無論是公立醫院還是私立醫院，都能提供優質的醫療服務，且費用遠低於歐美等發達國家。以下是在泰國就醫的一些常見項目的費用：

公立醫院	● 門診掛號費：50 ～ 100 泰銖 ● 住院：500 ～ 1,000 泰銖／天 ● X 光檢查：200 ～ 500 泰銖 ● 血液檢查：100 ～ 300 泰銖
私立醫院	● 門診掛號費：300 ～ 500 泰銖

私立醫院	● 住院：2,000 ～ 5,000 泰銖／天 ● MRI 檢查：10,000 ～ 20,000 泰銖 ● 全身體檢套餐：5,000 ～ 15,000 泰銖

　　雖然私立醫院的收費比公立醫院高出不少，但與歐美等發達國家相比，泰國的醫療費用仍然非常便宜及實惠。

　　除了就醫和藥品費用，在泰國養老還需要考慮商業醫療保險的費用。**雖然泰國的醫療費用遠低於歐美等發達國家，但一旦發生重大疾病或意外，沒有醫療保險的話，仍然會面臨較大的經濟壓力。**在泰國，商業醫療保險的費用因投保年齡、保障範圍等因素而異，大致費用如下：

- 50 歲以下：10,000 ～ 20,000 泰銖／年
- 50 ～ 60 歲：20,000 ～ 30,000 泰銖／年
- 60 歲以上：30,000 ～ 50,000 泰銖／年

交通費用

　　在泰國，交通費用因出行方式和城市的不同，而有較大

差異。以下是幾種常見交通方式的費用參考：

大眾運輸

- 曼谷 BTS（空鐵）／ MRT（地鐵）：16 ～ 52 泰銖
／次

- 公車：8 ～ 20 泰銖／次

- 雙條車（即雙排座的小型巴士）：30 ～ 60 泰銖／次

出租車

- 曼谷出租車起步價：35 泰銖，之後每公里 6 ～ 8 泰
銖

- 清邁出租車起步價：30 泰銖，之後每公里 5 ～ 7 泰
銖

- 芭堤雅出租車起步價：40 泰銖，之後每公里 7 ～ 9
泰銖

叫車APP

- Grab（類似於優步）：起步價 25 ～ 35 泰銖，之後
每公里 6 ～ 8 泰銖

- Gojek（類似於 Grab）：起步價 25 ～ 35 泰銖，之後
每公里 5 ～ 7 泰銖

自行駕車

- 汽油價格：25 ～ 30 泰銖／升
- 租車費用：800 ～ 1,500 泰銖／天
- 過路費：20 ～ 50 泰銖／次

　　在泰國，公共交通的費用非常低廉，對於大多數外籍人士來說，租房時選擇公共交通便利、靠近捷運站的區域，可以大大節省交通費用。如果偶爾需要乘坐出租車或使用叫車軟體，費用也遠低於歐美等發達國家。對於喜歡自駕遊的人來說，泰國汽油價格和過路費都比較低廉，租車費用也不算太高，是一個非常不錯的選擇。

養老費用總覽

　　根據上述各項養老費用的分析，右表是 50 歲左右的外籍人士在泰國養老的月計費用估算：

　　從右表可以看出，在泰國，一個 50 歲左右的外籍人士，每月的養老費用大約在 23,500 ～ 53,500 泰銖之間，其

費用項目	每月養老生活費估算（泰銖）	每月養老生活費估算（台幣）	每月養老生活費估算（美元）
住房費用	10,000 ～ 20,000	9,000 ～ 18,000	300 ～ 600
飲食費用	6,000 ～ 15,000	5,400 ～ 135,000	180 ～ 450
醫療保險	1,500 ～ 2,500	1,350 ～ 2,250	45 ～ 75
交通費用	1,000 ～ 3,000	900 ～ 2,700	30 ～ 90
娛樂休閒	3,000 ～ 8,000	2,800 ～ 7,200	90 ～ 240
其他雜項	2,000 ～ 5,000	1,800 ～ 4,500	60 ～ 150
合計	23,500 ～ 53,500	23,500 ～ 53,500	705 ～ 1,605

中住房和飲食是最主要的支出項目。相較於歐美、日韓等先進國家，在泰國養老的成本低上許多。即使以上限 53,500 泰銖的月費估算，一年的養老費用也只有 64.2 萬泰銖，遠低於歐美等國。

當然，這只是非常簡單粗略的估算，實際費用會因個人的生活水平、健康狀況等因素而有所不同。此外，在泰國養

老還需要考慮簽證、語言、文化適應等方面的問題。儘管如此，對於許多追求高品質退休生活的外籍人士來說，泰國仍然是一個非常有吸引力的選擇。無論是優越的自然環境，或是便宜的生活成本，又或是友善的當地人，都讓泰國成為一個理想的養老所在地。

曼谷 VS 清邁 VS 華欣，哪個城市更適合？

泰國以其宜人的氣候、優美的自然風光和低廉的生活成本，吸引越來越多外籍退休人士，前來安享晚年。在眾多的泰國城市中，曼谷、清邁和華欣是最受外國人歡迎的三大養老所在地。那麼，這三個城市各有什麼特色？哪一個城市最適合養老？本節將從生活成本、醫療條件、氣候環境、交通出行、語言環境等方面，對這三個城市進行詳細的對比分析，幫助大家選擇最適合自己的養老城市。

曼谷：國際城市醫療先進

作為泰國的首都和最大城市，曼谷以其繁華的都市生活和先進的醫療條件，吸引了眾多外籍退休人士。以下是曼谷的一些優、缺點分析：

優點	1. **完善的醫療體系**：曼谷擁有泰國最先進的醫療機構和設施，如康民國際醫院（Bumrungrad International Hospital）、曼谷醫院（Bangkok Hospital）等，可提供高品質的醫療服務。 2. **豐富的文化生活**：曼谷有著豐富多彩的文化生活，從傳統的寺廟、博物館到現代化的購物中心、娛樂場所，應有盡有。 3. **便利的交通網絡**：曼谷擁有發達的公共交通網絡，包括地鐵、捷運、嘟嘟車、公車等，出行非常方便。 4. **國際化程度高**：曼谷是一個高度國際化的城市，英語普及率高，外籍人士很容易便能融入當地生活。
缺點	1. **生活成本較高**：作為泰國的經濟中心，曼谷的生活成本相對較高，尤其是房租和餐飲費用。 2. **交通擁堵嚴重**：曼谷號稱「堵城」，以其交通擁堵聞名，尤其是在上下班高峰時段，交通擁堵問題非常嚴重。 3. **空氣汙染問題**：曼谷的空氣汙染問題比較嚴重，尤其是在旱季，對健康有一定的影響。 4. **氣候炎熱潮溼**：曼谷全年氣候炎熱潮溼，加上近年來全球暖化等因素，對於一些不適應高溫和潮溼環境的人來說，可能會感到不舒服。

清邁：宜人氣候悠閒生活

清邁位於泰國北部，以其宜人的氣候和悠閒的生活方式，吸引了眾多外籍退休人士。以下是清邁的一些優、缺點比較：

優點	1. **宜人的氣候**：清邁全年氣候溫和，尤其是在 11 月到 2 月的冬季，氣候非常舒適，非常適合長期養老。 2. **低廉的生活成本**：與國際城市曼谷相比，清邁的生活成本相對較低，尤其是房租和每日飲食費用。 3. **悠閒的生活節奏**：清邁的生活節奏比較慢，非常適合追求樂活悠閒的退休人士。 4. **豐富的自然景觀**：清邁周圍有著豐富的自然景觀，如素貼山、Doi Inthanon 國家公園等，非常適合戶外活動愛好者。
缺點	1. **醫療條件相對較差**：與曼谷相比，清邁的醫療條件相對較差，尤其是在一些專業領域，可能需要到曼谷就醫。 2. **交通相對較不便利**：清邁的公共交通系統不如曼谷四通八達，出行相對不夠便利。

| | 3.國際化程度較低：清邁的國際化程度相對較低，英語普及率不如曼谷高，外籍人士可能需要學習一些泰語。 |
| | 4.每年 3 ～ 4 月的霧霾嚴重：清邁每年 3 ～ 4 月都會遭遇嚴重的霧霾問題，對居住者的健康有一定程度影響。 |

華欣：海濱度假醫療完善

　　華欣是一個位於泰國中部的海濱城市，以其優美的海灘和高爾夫球場而聞名，是許多歐美退休人士的首選。以下是華欣的一些優、缺點比較：

優點	1.舒適的氣候：華欣全年氣候溫和，尤其是在 11 月到 2 月的冬季，氣候非常舒適迷人，適合養老。 2.優美的海濱風光：華欣擁有優美的海灘和海濱風光，非常適合喜歡海邊生活的退休人士。 3.完善的醫療設施：華欣雖然是一個小城市，但擁有幾家不錯的私立醫院，如 San Paulo Hospital、Bangkok Hospital Hua Hin 等，皆可提供品質良好的醫療服務。

	4. 高爾夫球場眾多：華欣以其眾多的高爾夫球場而聞名，是高爾夫愛好者的天堂。
缺點	1. 生活成本較高：作為一個旅遊度假城市，華欣的生活成本相對較高，尤其是房租和餐飲費用。 2. 交通不夠便利：華欣的公共交通系統不夠完善，出行主要依靠計程車和嘟嘟車。 3. 娛樂選擇相對較少：與曼谷和清邁相比，華欣的娛樂選擇相對較少，夜生活也不夠豐富。 4. 英語普及率較低：華欣的英語普及率相對較低，外籍人士可能需要學習一些泰語。

以下是曼谷、清邁和華欣三個城市，在不同方面的綜合比較：

	曼谷	清邁	華欣
生活成本	較高	較低	較高
醫療條件	最好	較差	較好
氣候環境	炎熱潮溼	溫和宜人	溫和宜人
交通出行	非常便利	一般	不太便利
語言環境	英語普及率高	普及率一般	普及率較低

	曼谷	清邁	華欣
文化生活	非常豐富	比較豐富	一般
自然景觀	一般	非常豐富	以海灘為主
國際化程度	非常高	一般	較低

根據自己的需求做選擇

　　選擇養老城市是一個非常個人化的決定，需要根據自己的需求、喜好和預算來權衡。以下是一些選擇建議：

1. 喜歡熱鬧的大城市：如果你追求繁華的都市生活，注重醫療條件和交通便利，喜歡豐富的文化生活，曼谷可能是最適合你的選擇。

2. 喜歡自然景觀：如果你追求悠閒的生活方式，喜歡宜人的氣候和自然景觀，想要享受較低的生活成本，清邁可能是最適合你的選擇。

3. 喜愛海邊：如果你喜歡海濱生活，對高爾夫運動情有獨鍾，華欣可能是最適合你的選擇。

　　當然，建議大家在做出最終退休居住地決定之前，先到這三個城市實地考察一番，親身感受一下當地的生活氛圍，看看是否適合自己。此外，也可以先在當地租房，住上一段時間，再決定是否要長期定居。不過，無論選擇在哪個城市定居，泰國都是一個非常適合養老的國家，相信大家一定能在這裡找到屬於自己的退休幸福生活。

生病免緊張！
泰國醫療享負盛名

全球醫療旅遊勝地

　　前往泰國旅遊、商務工作的外國訪客，或持有泰國養老簽證的外國退休人士，如果是在泰國居住期間突發疾病或意外受傷，也可以前往公、私立醫院就診，但需要自己支付醫療費用或購買商業醫療保險，以獲取醫療和旅行發生意外時的保障。

　　目前**泰國是全球最大的醫療旅遊目的地之一**，每年吸引許多外國人前往就醫治療。泰國的醫療體系發展完善，費用較歐美先進國家相對便宜，而且醫療品質還不輸。根據世界衛生組織（World Health Organization，WHO）統計，泰國的醫療保健支出占國內生產總值（GDP）的 4.1％，比例高於東南亞其他國家。

　　泰國的醫療體系分為公立和私立兩大部分。公立醫療體系由政府提供資金，包括各級公立醫院和衛生中心。私立醫療體系則由私人投資興建，主要集中在曼谷、清邁、普吉島等大城市。截至 2022 年，泰國共有 1,418 家醫院，其中公立醫院占 65％，私立醫院占 35％。此外，泰國還有私人醫療保險，主要針對高收入族群和外國人。

　　泰國的醫療保險體系主要分為三類：

泰國的醫療保險體系分類	說明
1. 全民健康保險計畫（Universal Coverage Scheme，UCS）	覆蓋了 75% 的泰國人口，由政府提供資金，民眾可在指定的公立醫院免費就醫。
2. 社會保障計畫（Social Security Scheme，SSS）	針對私部門雇員，由雇主、雇員和政府共同繳納保費，提供醫療保障。
3. 公務人員醫療福利計畫（Civil Servant Medical Benefit Scheme，CSMBS）	提供給公務人員及其家屬，由政府全額負擔醫療費用。

泰國醫療的 4 個優勢

1. 醫療費用相對較便宜

與歐美國家相比，在泰國接受醫療服務的費用要低得多。根據 BOI 的數據，在泰國進行一般醫療程序的費用，約為美國的 50% 至 70%，新加坡的 60% 至 85%。例如，在泰國進行一次心臟搭橋（繞道）手術，費用約為 13,000 美元，而在美國要花費 100,000 美元以上。

2. 先進的醫療技術

近年來，泰國的醫療技術快速發展，醫療水準與世界先進國家接軌。許多醫院都配備了高端的醫療設備，如達文西機器人手術系統、電腦刀（CyberKnife）、PET-CT 等。並且也積極引進新的醫療技術，如幹細胞療法、基因療法等。

3. 優質的醫療服務

泰國以其熱情友善的服務聞名，醫療服務也有一定水準。泰國的醫護人員大多接受過良好的專業教育與培訓，且英語溝通能力強。**許多醫院還提供一站式服務，包括機場接送、醫療翻譯、病房預訂等，為外國患者提供簡單便利、舒**

適良好的就醫體驗。

4. 簡單的就醫流程

在泰國就醫的流程相對簡單，不像有些國家需要複雜的轉診程序。患者可以直接到醫院掛號就診，無需預約。大多數檢查和治療都可以在短時間內完成，無需長時間排隊等待。此外，**泰國政府還提供簽證便利，允許外國患者在泰國停留 90 天至 1 年，接受長期醫療治療。**

醫療旅遊的熱門項目

近年來，泰國醫療旅遊的熱門項目包括：

1. 整形美容：如隆鼻、割雙眼皮、隆胸、抽脂等。
2. 性別重置手術：泰國是世界上性別重置手術最多的國家之一。
3. 牙科治療：如種植牙、牙齒美白、矯正等。
4. 試管嬰兒：泰國試管嬰兒技術發展成熟，成功率高。
5. 心臟病治療：如心導管手術、心臟搭橋手術等。
6. 骨科手術：如關節置換、脊柱手術等。

外國人在泰就醫花費大公開

泰國憑藉其優質的醫療服務，和相對便宜的費用，吸引許多外國人前來就醫。然而，對許多人來說，了解在泰就醫的實際費用，仍然是相當重要的問題。本節將詳細介紹外國人在泰就醫的各項費用，幫助你獲得更深一層的了解。

較歐美國家相對便宜

前面提過，與歐美國家相比，在泰國接受醫療服務的費用要低得多。下表針對一些常見醫療程序，對比在泰國和其他國家就醫的平均費用（以下以美元估算）：

醫療程序	泰國費用	美國費用	新加坡費用
心臟手術	13,000	100,000+	18,500
髖關節置換術	12,000	30,000	12,000
膝關節置換術	10,000	35,000	13,000

* 以上費用僅為估算，實際費用可能因醫院、醫生和病況而異。

影響醫療費用的因素

在泰國就醫的實際費用受多種因素影響，包括：

● **醫院類型**

泰國的醫院分為公立和私立兩類。公立醫院的費用通常較低，但設備和服務可能不如私立醫院。私立醫院的費用較高，但通常提供更好的設施和服務。知名的國際醫院，如康民國際醫院和曼谷醫院，其費用通常高於普通私立醫院。

● **醫療程序類型**

不同的醫療程序，費用差異很大。一般來說，複雜手術（如心臟搭橋手術）的費用，會高於簡單的程序（如體檢）。

此外，使用高端的醫療技術和設備（如機器人手術系統）也會增加費用。

- **病房類型**

泰國醫院通常會提供不同級別的病房，從普通病房到豪華套房不等。選擇更高級別的病房，會增加住院費用。例如，在康民國際醫院，普通病房的每日費用約為 5,000 泰銖，而豪華套房的每日費用可達 25,000 泰銖。

- **醫生專業的經驗和資歷**

資深醫生和專科醫生的診療費，通常高於普通醫生。在泰國，許多醫生接受過國際培訓，具有豐富的臨床經驗，其診療費也相對較高。

常見醫療程序費用

以下是一些常見醫療程序，在泰國的估算費用（以下費用僅為估算，實際費用依醫院、醫生和病況而異）：

- **體檢**

泰國的體檢套餐種類多樣，價格從數千泰銖到數萬泰銖

不等。一般的體檢套餐包括血液檢查、心電圖、胸部 X 光等，費用約為 5,000 至 10,000 泰銖。更全面的體檢套餐可能包括 CT 掃描、癌症篩檢等，費用可達 50,000 泰銖或更高。

● **牙科治療**

泰國以其高品質、低價格的牙科服務聞名。常見牙科項目估算費用如下：

✓ 洗牙：800 至 1,500 泰銖

✓ 補牙：1,500 至 3,000 泰銖

✓ 根管治療：5,000 至 15,000 泰銖

✓ 植牙：50,000 至 100,000 泰銖

● **整形美容**

泰國是世界領先的整形美容目的地之一。常見整形美容項目估算費用如下：

✓ 隆鼻：30,000 至 80,000 泰銖

✓ 隆胸：100,000 至 200,000 泰銖

✓ 抽脂：50,000 至 150,000 泰銖

✓ 面部拉皮：100,000 至 200,000 泰銖

- **生殖醫療**

泰國的生殖醫療技術發展迅速，吸引了許多海外患者。
常見生殖醫療項目估算費用如下：

- ✓ 體外受精（IVF）：200,000 至 300,000 泰銖
- ✓ 卵子捐贈：300,000 至 500,000 泰銖
- ✓ 代孕：800,000 至 1,500,000 泰銖

這樣做，就能節省醫療費用

儘管泰國的醫療費用相對較低，但對許多人來說，節省
開支仍然很重要。以下整理出一些節省醫療費用的方法：

- 選擇公立醫院或普通私立醫院，避免高價的國際醫院。
- 選擇普通病房而非豪華病房。
- 尋找醫院提供的優惠套餐或折扣。
- 使用醫療保險，許多保險涵蓋醫療項目。
- 考慮前往二線城市（如清邁、普吉島）就醫，該地醫療費用通常低於曼谷。

　　了解在泰國就醫的各項費用，有助於你更好地規劃自己的醫療旅程。儘管實際費用可能因個人情況而異，但總體而言，泰國提供了優質且價格合理的醫療服務，吸引來自世界各地的患者。

選購泰國醫療保險，須注意這些事

泰國是全球知名的醫療旅遊所在地，吸引著來自世界各地的遊客前來就醫。然而，在泰國接受醫療服務時，購買合適的醫療保險是非常重要的。本節將詳細介紹泰國的醫療保險體系，以及外國人在泰國購買醫療保險的選擇。

認識泰國的醫療保險體系

泰國的醫療保險體系主要由三個部分組成：公共健康保險、社會保障體系和私人醫療保險。**外國人通常是用私人醫療保險。**

私人醫療保險主要針對高收入族群或是外國人，提供更全面的保障和更高級別的醫療服務。在泰國，比較常見的私人醫療保險類型如下：

保險類型	說明
1. 住院醫療保險	這類保險僅涵蓋住院期間的醫療費用，如病房費、手術費、診療費等。
2. 門診醫療保險	這類保險涵蓋門診治療的費用，如診療費、藥品費、檢查費等。
3. 綜合醫療保險	這類保險結合了住院和門診醫療保險，提供全面的醫療保障。
4. 重大疾病保險	這類保險對特定重大疾病（如癌症、心臟病等）提供額外保障。

外國人可在泰購買的醫療保險

對於在泰國生活或旅行的外國人來說，購買合適的醫療保險非常重要。以下是幾種常見的醫療保險選擇：

保險類型	說明
國際醫療保險	這是專為在海外生活或工作的人士所設計，提供全球範圍內的醫療保障。許多跨國保險公司（如 Cigna、Allianz、Bupa 等）都提供國際醫療保險計畫。

	這些計畫通常提供全面的保障，包括住院、門診、牙科、視力等，且保障範圍遍及全球。然而，國際醫療保險的費用較高，且投保條件較為嚴格。
當地私人醫療保險	另一個選擇是購買泰國當地的私人醫療保險。許多泰國保險公司（如 AIA、Bangkok Insurance、Muang Thai Life 等）都提供針對外國人的醫療保險計畫。這些計畫通常較國際醫療保險更實惠，且投保條件相對寬鬆。然而，保障範圍可能僅限於泰國境內，且理賠服務可能不如國際保險公司。

外國人選擇泰國醫療保險的注意事項

注意事項	說明
1. 保障範圍	要仔細了解保險的保障範圍，如住院、門診、牙科、視力等，確保保障內容符合自己的需求。
2. 承保地區	要確認保險的承保地區，是否僅限於泰國境內，或者提供全球保障。
3. 投保條件	要了解保險的投保條件，如年齡限制、健康狀況要求等。

注意事項	說明
4. 醫療網絡	要查看保險公司的醫療網絡，確保包含自己首選的醫療機構。
5. 理賠服務	了解保險公司的理賠服務，如申請理賠服務、報銷流程、理賠時效等。
6. 費用預算	根據自己的預算選擇合適的保險計畫，權衡保費與保障範圍。

泰勢正好！
機會雲集的創投新據點

如何在泰國設立公司？

到泰國投資，近年來已成為全球火熱的議題，吸引許多外國資金不斷湧入。泰國除了有豐富的文化資產和多采多姿的夜生活之外，美食、陽光、按摩等要素，對觀光客和投資者而言，都具備難以抗拒的吸引力。

台灣人近年來創業的比率越來越高，Dr. Selena 的富商朋友在泰國經商超過 30 年，起因是之前被美國的公司派到泰國工作，後來發現泰國充滿各種機會，所以選擇留在泰國自行創業。之後，全家也在泰國深耕，現在不僅在泰國擁有多家公司，也擁有超過 40 間的房產出租。

Dr. Selena 曾多次前往泰國，期間也注意到百貨商場有台灣廠商進駐的茶飲店或飯糰店，泰國的朋友說，因為有很多泰國人曾經來台工作或做看護，所以泰國人對台灣食物的接收度其實還蠻高。我覺得，大家可以多多了解泰國的創業

投資環境，評估是否有機會前往泰國發展事業，讓自己多了
一個在海外拓展商機的機會。

註冊私營有限公司的相關要求

隨著泰國的經濟增長，吸引了眾多投資者前來註冊公
司，除了能滿足日益增長的市場需求，也希望得以最大化其
投資回報。外國投資者湧向泰國，是因為強大的政府支持與
激勵措施、充足的基礎設施、熟練的技術，以及成本效益高
的勞動力。此外，**自由化和自由貿易的明確方向、社會和政
治狀態穩定，以及泰國在亞洲的戰略位置等因素，都促使其
成為全球最具吸引力的投資國家之一。**

首先，我們先來認識一下泰國的商業組織形式。與大多
數國家一樣，泰國有三種商業組織形式：獨資經營、合夥和
有限公司。**外國投資者中最受歡迎的商業組織形式，就是私
營有限公司。**

私營有限公司的定義，就是指**泰國國民必須擁有51%
以上的股份**。由於其大多數股份由泰國人持有，因此不需要

外國商業許可證（Foreign Business License，FBL），這類有限公司通常不會遇到經商限制。大多數在泰國設立的公司都是泰國有限公司，泰國股東必須占 51％以上，外國人不得持有超過 49％的股份。

相關註冊要求彙整如下：

- 至少有兩名自然人作為發起人（初始股東）。在公司運營期間，始終需要兩名股東。股東的國籍不限，但 51％必須是泰國人，而且必須年滿 20 歲。

- 無論國籍如何，至少需要一名自然人作為董事，能夠合法代表公司行事。

- 公司總部位於泰國，並附有房屋登記號和房東的同意書副本。

- 有限公司的最低註冊資本沒有具體要求，但需要滿足支持外籍員工工作許可的財務要求。最低資本支付至少為註冊資本的 25％。

- 申請時需提交公司章程。

- 必須召開法定會議。

- 必須要有銀行資金到位證明，證實泰國股東的個人

銀行帳戶中有足夠的資金，以及泰國股東將與外國股東共同持股。

● 所有股東和董事需要在泰國簽署部分申請文件。

5 步驟教你註冊私營有限公司

Step 1：預約公司名稱

希望在泰國註冊的公司，必須先透過商業發展部（Department of Business Development，DBD）搜索和預約公司名稱。根據《泰國民商法》第 1098 條，擬設公司的名稱必須以「有限公司」結尾。名稱預約可以在 DBD 網站上完成，通常在 1～3 天內就會獲得批准。公司名稱必須遵循DBD 的指導方針，一旦公司名稱獲得批准，該名稱將用於公司註冊所需的成立文件中。

Step 2：提交公司章程

在名稱預約獲得批准後，公司必須提交組織章程（Memorandum of Association，MOA）給泰國商業部（Ministry of Commerce，MOC）註冊。章程內容包括公司名稱、發起

人的姓名、公司所在地、公司財務和業務目標。

Step 3：召開法定會議

一旦股份結構確定，就會召開法定會議。會議期間還會任命公司董事會和審計師。

Step 4：在泰國註冊公司

在法定會議日期後 90 天內，董事必須提交設立公司的申請。

Step 5：註冊增值稅（VAT）和所得稅

註冊成功後，必須在泰國稅務局（Revenue Department, Ministry of Finance）進行稅務註冊，取得公司稅卡和稅號（Company's Tax ID Card / No.），以及申請增值稅註冊登記。相關文件須提交給 DBD 和稅務局登記。

一旦公司已在 DBD 註冊完成，並獲得商業註冊證書和公司證明，新註冊的泰國公司即可在泰國任何一家商業銀行，開立公司銀行帳戶。

外國人如何擁有泰國公司 100％股權？

① 設立 BOI 准核的公司

　　設立 BOI 准核的公司是一種合法途徑，可以擁有 100％ 外國股東公司。BOI 是政府招商引資的機構，為在泰外國企業提供服務，鼓勵私營企業投資，以促進國家經濟發展。然而，申請過程相當嚴格，必須符合相關規定和要求，並專注於為泰國提供新技術和利益。大型公司或製造業企業，更有可能成為 BOI 批准的公司。

　　此外，外國中小企業（SME）甚至外國個人投資者，也有機會在泰國設立 100％外國股東公司。

② 申請獲得 IEAT 核准的公司

工業園區是為工業和商業運營商提供土地租賃或購買的業務。工業園區還會為位於這些地區的企業，提供電力、水力、防洪設施和集中汙水處理等服務。在泰國，工業園區由泰國工業園管理局（Industrial Estate Authority of Thailand，IEAT）管理，包括以下兩種：

- 由 IEAT 單獨擁有和運營的工業園區。
- 由 IEAT 與私營部門合作擁有和運營的工業園區。

IEAT 是隸屬於泰國工業部的國營企業，其職責是創建和組織工業園區，並協調各單位完善園區內的工業設施。該機構提供的服務包含環境問題、工作場所安全、土地使用、保險、進出口管理和促進，以及與工廠相關的基礎設施開發（如供水、電力分配、電話、購物、住房和道路）等。

截至 2022 年 9 月，泰國共有 67 個工業園區，分布在 16 個不同的省份，總面積達到 169,823 萊（約 27 萬公傾）。其中 14 個由 IEAT 單獨運營，其餘 53 個是與私營部門的合

資企業。

受 **IEAT** 監管的註冊公司，可享有的特權之一，就是允許外國人擁有 **100**％的公司股份。IEAT 致力於使每個工業園區成為理想的戰略生產和服務基地，從而提高競爭力。大多數在工業園區註冊的公司都是製造業。近來，服務業、貿易業和其他許多類別的企業也逐漸增多，並且得以擁有 100％的公司股份。

以 IEAT 底下的 Gemopolis 園區為例

該工業園區位於距素萬那普機場 11 公里處，駕車僅需 8 ～ 10 分鐘。該園區成立於 1990 年，面積超過 155 萊，已有 30 多個國家、300 多家企業在此註冊公司。該園區不僅位於免稅區（編按：IEAT 將園區劃分為兩區，一是一般工業加工區〔General Industrial Zone：GIZ〕，投資人可享有非稅務優惠；另一是 IEAT 保稅加工區〔I-EA-T Free Zone，也稱自由區〕，投資人除了可享有與 GIZ 同等的非稅務優惠，還可享有稅務優惠權益），還獲得公共部門的全力支持。

該園區已成為泰國許多初創企業的新首選地點,並隨著住宅區的增長而蓬勃發展。目前,它是曼谷乃至泰國,唯一一個歡迎各行業中小企業註冊公司的工業園區,並提供許多投資優惠。一些世界知名品牌,如 Pandora 和 Olympus,已在此穩定運營多年。

　　由於 Gemopolis 工業園區隸屬於 IEAT 旗下,在此園區註冊的公司,可享有許多對外國和本地直接有利的權益,包括:

- 可 100％外資持股。

- 若該企業獲得 IEAT 特別許可的資格,則無須雇用泰國員工。

- 進口稅和增值稅豁免,包括:
  - ✓ 原材料、半成品和基本材料。
  - ✓ 機械、工具和生產設備。
  - ✓ 成品和商品。

- 在自由區內發生的銷售行為,增值稅(VAT)可適用正常稅率或零稅率。

- 外國投資者可以在該區域購買及擁有土地和房地產。

- 允許海外專家與其家庭成員來泰國工作和居住。
- 允許將外幣轉移到海外。

而想在該園區註冊的公司，則須滿足以下要求：

- 至少有 2 名股東，無論國籍。
- 至少有 1 名董事，無論國籍。
- 註冊資本額至少為 200 萬泰銖。
- 租賃至少 45 平方米的辦公空間（最少租賃合同為 3 年）。

外資也能取得土地所有權？ 該怎麼做？

如果你是考慮在泰國尋求商機的外國投資者，外資企業是否可能擁有土地所有權，將會是一個關鍵的考量因素。前面提過，BOI 提供了許多獎勵措施吸引外商投資，例如 100％的外資企業和擁有土地所有權，也因此刺激了經濟增長。這一節我們來看看，外國投資者若想取得 BOI 的許可，獲得土地所有權，有哪些基本要求。

基本規範和要求

- 所有獲 BOI 許可的公司，均可擁有 1 萊（約 0.16 公頃）的土地，用於辦公和住宅使用。
- BOI 允許某些製造業和特定商業活動的公司，在註冊資本額達 5,000 萬泰銖的條件下，擁有更大面積的

土地。但是，這些公司的土地使用，必須符合 BOI 協議中的預期商業目的。

✔ 辦公場所的土地不得超過 5 萊。

✔ 高管或專業技術人員的住宅用地不得超過 10 萊。

✔ 工人住宅用地不得超過 20 萊。

✔ 辦公室和住宅可位於與商業場所相同的區域，或單獨位於另一個區域。

- 如果公司結束或失去其 BOI 促進資格，則必須在投資促進身分到期後的一年內，處置或轉讓土地。

- 在泰國註冊的公司可以擁有土地，但必須有 50％以上的股份，由泰國公民的股東擁有。

如何成立獲得政府獎勵促進的 BOI 公司？

BOI 的促進政策，始於 1954 年泰國政府頒布的《工業促進法》。政府祭出許多優惠措施，致力於鼓勵外國技術人員和企業，在泰國的特定產業及地區進行投資。此外，政府保證不干涉經營，或將外國企業國有化。**BOI 幫助外國企業在泰國發展業務，並確保他們的投資活動，能為泰國提供新技術和價值。**然而，若想獲得 BOI 的優惠及獎勵促進，申請過程相當嚴格，本節將帶大家探討相關標準。

獲得 BOI 投資優惠的公司，須符合哪些標準？

1. 為了提高農業、工業和服務業的競爭力，提交給 BOI 的申請項目，必須具備以下資格：

- 產品附加價值不得低於銷售收入的 20％，農業和食品加工、電子及零件產業除外，這些項目的附加價值必須至少占收入的 10％。
- 必須擁有先進的生產技術。
- 必須使用全新機器設備，詳細資訊可自 BOI 網頁查詢。

2. 投資額達 1,000 萬泰銖或以上（不包括土地和流動成本）的項目，必須在營運起 2 年內獲得 ISO 9000 或 ISO 14000 認證，或其他同等國際標準認證，否則企業所得稅的減免期將少一年。

3. 環境保護方面：

- 必須制定足夠和有效的措施來保護環境，委員會將特別考量設廠地點和汙染處理方式。
- 必須提交環境影響評估報告，以及遵守相關的法條規範。
- 設置在羅勇府的項目，必須遵守 2011 年 5 月 2 日公告的，該地區第 Por 1/2554 號的規定。

4. 最低資本投金和項目可行性：

- 每個項目的最低投資資金為 100 萬泰銖（不包括土地和流動成本），除非另有規範的行業類別。
- 新成立項目的債務與權益比率不得超過 3:1。擴建項目將視具體情況而定。
- 投資額超過 20 億泰銖的項目，必須按委員會要求提交可行性報告。

如何在泰國申請符合 BOI 資格的公司？

以下這些行業類別比較容易獲得 BOI 資格：
- 農業和食品加工
- 輕工業
- 電子工業及電器
- 礦業、陶瓷和基本金屬
- 金屬製品、機械和運輸設備
- 化學品、紙張和塑膠
- 技術和創新開發產業
- 服務和公共事業

一旦確定你的公司符合上述資格，則可提出兩種申請：BOI 申請和公司設立申請。這兩個申請由不同部門處理。你可以選擇先提交 BOI 申請，獲得批准後再設立公司。以下是申請成為獲 BOI 獎勵促進公司的基本步驟：

Step 1：填寫必要表格

企業需要填寫其業務類別的表格。這些表格可以從位於曼谷的 BOI 總部、全球的區域辦事處，或其電子投資平台索取。表格約有 8 至 10 頁，須要回答的問題包括公司的營運狀況、產品開發、股東、投資策略和目標客戶等。

Step 2：安排面試

提交表格後，企業主需要在 10 個工作日內，與 BOI 代表官員進行一對一面試。根據業務類別，企業主可能還需要參加與相關政府機構的第二次面試。此次的面試通常比前一次更嚴苛。

Step 3：表格評估和批准

面試後，就進入了評估和考量階段。BOI 代表官員將在 40 至 90 個工作日內，通知企業主是否通過評估標準，並告知何時可開始營運。

Step 4：接受申請

在 BOI 批准後，企業主需要前往總部領取經批准的文件，以及確認接受獎勵優惠促進的表格。企業主需要在一個月內提交表格，否則可能會失去資格。

Step 5：註冊公司

一旦企業主提交了確認促進接受的表格，就可以在 DBD 註冊公司。如果企業主已經註冊了公司，則可跳過此步驟。

Step 6：獲取簽證和工作許可

企業主可以在查楚里廣場的簽證和工作許可一站式服務中心，申請工作許可證和工作簽證，也可以尋求提供此服務的其他專業機構協助。

Step 7：獲取BOI證書

透過 BOI 的電子投資平台進行公司註冊。在平台上創建公司帳戶時，企業主需要提交某些文件，包括公司的章程大綱和註冊證書。BOI 將在 10 個工作日內核發獎勵優惠證書。

泰國 10 大國際學校

如同第 2 章所提到的，選擇在海外置產的人，都有不同的目的考量，其中一項，便是考量讓孩子就讀國際學校時更加便利。

泰國有許多優質的國際學校，儘管每間學校的教學理念和課程設計皆不同，均為學生提供了多元化的教育資源。透過參與國際化的課程學習、多元文化的交流活動，學生能夠開拓視野、增長見識，為未來奠定堅實的基礎，成長為具有全球競爭力的人才。以下將簡單介紹知名的十大國際學校。

1. 曼谷哈羅國際學校（Harrow International School Bangkok）

曼谷哈羅國際學校是泰國最負盛名的國際學校之一，學校採用英式課程體系，提供從幼稚園到高中的教育。該校注

重學生的全面發展，包括學術成績、品德養成和領導力培養。該校擁有頂級的教學設施，其畢業生成績優異，常被牛津、劍橋等世界知名大學錄取。其他更詳盡的資訊，可自以下網址查詢：https://www.harrowschool.ac.th/

2. 曼谷國際學校（International School Bangkok）

曼谷國際學校（ISB）是泰國歷史最悠久的國際學校之一，成立於 1951 年。學校採用美式課程體系，提供從幼稚園到高中的教育。ISB 注重學生的全面發展，提供多樣化的課程和活動，如 STEM 教育、藝術教育、體育活動等。該校師資優良，教師大多擁有碩士或以上的學位。該校畢業生成績優異，常被常春藤盟校等美國頂尖大學錄取。其他更詳盡的資訊，可自以下網址查詢：https://www.isb.ac.th/

3. 曼谷新國際學校（New International School of Thailand）

曼谷新國際學校（NIST）成立於 1992 年，是一所提供國際文憑課程（IB）的國際學校。該校為學生提供全面的教育，注重學生的學術發展和個人成長。NIST 擁有優秀的師資團隊，教師來自世界各地，具有豐富的教學經驗，教學設

施亦完善。NIST 的學生在 IB 考試中表現優異，畢業生多被哈佛、劍橋等世界知名大學錄取。其他更詳盡的資訊，可自以下網址查詢：https://www.nist.ac.th/

4. 曼谷帕塔納國際學校（Bangkok Patana School）

曼谷帕塔納國際學校是泰國規模最大的國際學校之一，成立於 1957 年。學校採用英式課程體系，提供從幼稚園到高中的教育。該校注重學生的全面發展，提供多樣化的課外活動，如體育、藝術、音樂等，並擁有優秀的師資團隊，多名教師曾獲頒教學類獎項。該校畢業生成績優異，常被牛津、劍橋等英國頂尖大學錄取。其他更詳盡的資訊，可自以下網址查詢：https://www.patana.ac.th/

5. 曼谷基督教國際學校（Bangkok Christian International School）

曼谷基督教國際學校（BCIS）是一所提倡基督教價值觀的國際學校，成立於 2003 年。學校採用美式課程體系，提供從幼稚園到高中的教育。BCIS 注重學生的品格教育和領導力培養，提供多樣化的課外活動，如社區服務、領導力培訓等。該校擁有優秀的師資團隊，教師多來自美國、加拿

大等國。畢業生表現優異，常被美國知名大學錄取。其他更詳盡的資訊，可自以下網址查詢：https://www.bcis.ac.th/

6. 曼谷聖安德魯國際學校（St. Andrews International School Bangkok）

曼谷聖安德魯國際學校是一所著名的英式課程體系國際學校，成立於 1997 年。學校提供從幼稚園到高中的全方位教育，課程包括 IGCSE、A-Level 等。該校注重學生的全面發展，提供多樣化的課外活動，如足球、籃球、游泳等體育項目，以及音樂、藝術、戲劇等文化項目。該校擁有優秀的師資團隊，教師均具備豐富的教學經驗和國際背景。其他更詳盡的資訊，可自以下網址查詢：https://www.nordangliaeducation.com/sta-bangkok

7. 曼谷雙語國際學校（Bangkok Prep International School）

曼谷雙語國際學校是一所提供雙語教育的國際學校，成立於 2003 年。學校採用英式課程和中式課程相結合的教學模式，提供從幼稚園到高中的教育。曼谷雙語國際學校注重培養學生的雙語能力，同時也重視學生的品德教育和領導力

培養。該校擁有優秀的中外籍師資團隊；該校畢業生表現優異，既精通英語，又能掌握中文，具有較強的跨文化交流能力。其他更詳盡的資訊，可自以下網址查詢：https://www.bangkokprep.ac.th/

8. 曼谷KIS國際學校（KIS International School Bangkok）

曼谷 KIS 國際學校是一所提供 IB 課程教育的國際學校，成立於 1998 年。學校為學生提供全面的教育，注重學生的學術發展和個人成長。KIS 國際學校擁有優秀的師資團隊，教師來自世界各地，具有 IB 教學經驗；該校教學設施先進；學生在 IB 考試中表現優異，畢業生常被哈佛、史丹佛、牛津等世界知名大學錄取。其他更詳盡的資訊，可自以下網址查詢：https://www.kis.ac.th/

9. 曼谷VERSO國際學校（VERSO International School）

曼谷 VERSO 國際學校是一所創新型的國際學校，成立於 2020 年。學校採用芬蘭式課程體系，提供從幼稚園到初中的教育。VERSO 國際學校注重學生的個性化學習和創新

能力培養，提供多樣化的主題學習項目，如 STEAM 教育、創客教育等。學校有著優秀的師資團隊，教師均接受過芬蘭教育培訓，具有豐富的教學經驗。VERSO 國際學校雖然成立時間不長，但已經受到了學生和家長的廣泛好評。其他更詳盡的資訊，可自以下網址查詢：https://www.verso.ac.th/

10. 曼谷伯克利國際學校（Berkeley International School）

　　曼谷伯克利國際學校是一所美式課程體系國際學校，成立於 2010 年。學校提供從幼稚園到高中的全方位教育，課程體系包括美國共同核心州立標準（CCSS）和大學先修課程（AP）等。伯克利國際學校注重學生的創新能力和領導力培養，提供多樣化的 STEM 教育和創業教育項目。該校擁有優秀的師資團隊，教師均具有美國教育背景和豐富的教學經驗；畢業生表現優異，常被麻省理工學院、加州理工學院等美國頂尖大學錄取。其他更詳盡的資訊，可自以下網址查詢：https://www.berkeley.ac.th/

泰國 4 所知名大學

　　泰國身為東南亞的教育重鎮，擁有為數眾多的優質大學，吸引了來自世界各地的學生前來。下面就讓我們來了解一下泰國最知名的幾所大學。

1. 朱拉隆功大學（Chulalongkorn University）

　　朱拉隆功大學是泰國最古老、最負盛名的大學，創建於1917 年，是泰國第一所高等教育機構。該校以泰國先王朱拉隆功大帝（King Chulalongkorn）的名字命名，以表達對這位君主的敬意。該校在泰國享有很高的聲譽，被譽為「泰國的哈佛」。

　　朱拉隆功大學是泰國排名最高的大學，提供全英文授課的國際課程，國際化程度高。更多詳盡資訊，可自以下網址查詢：https://www.chula.ac.th/en/

2. 瑪希竇大學（Mahidol University）

瑪希竇大學是泰國著名的研究型大學，創建於 1888 年，最初是一所醫學院，後來不斷發展壯大，現已成為一所綜合性大學。該校以泰國先王瑪希竇王子（Prince Mahidol of Songkla）的名字命名，以表達對這位王室成員的敬意。該校在醫學、理工、藝術等領域享有盛譽。

瑪希竇大學擁有出色的醫學教育，是泰國排名第二的大學，在醫學、生物學、材料科學等領域取得了重要成果，提供全英文授課的國際課程。更多詳盡資訊，可自以下網址查詢：https://mahidol.ac.th/

3. 法政大學（Thammasat University）

法政大學是泰國著名的公立大學，創建於 1934 年，是泰國第二所成立的大學。學校最初是作為一所法學院，後來不斷發展壯大，現已成為一所綜合性大學。該校在法學、政治學、經濟學等社會科學領域享有盛譽。

法政大學是泰國排名第三的大學，每年都有大量的法學院畢業生，進入泰國的法院、律師事務所等機構工作。更多詳盡資訊，可自以下網址查詢：https://tu.ac.th/en

4. 泰國農業大學（Kasetsart University）

泰國農業大學是泰國著名的公立大學，創建於 1943 年，是泰國第一所農業高等教育機構。學校最初是作為一所農業學院而成立，後來不斷發展壯大，現已成為一所綜合性大學。該校在農業科學、林業、獸醫學等領域享有盛譽。

泰國農業大學是泰國排名第四的大學，與世界各地的農業院校建立了廣泛的合作關係，提供全英文授課的國際課程。更多詳盡資訊，可自以下網址查詢：https://www.ku.ac.th/en/community-home

如何申請泰國的國際學校及大學？

　　泰國以其優質的教育資源和相對較低的教育費用，吸引了眾多國際學生。無論是就讀國際學校還是泰國的大學，申請過程都有一些需要注意的地方。以下將詳細介紹申請泰國國際學校和大學的流程、所需資訊及注意事項，幫助你順利完成申請，開啟在泰國學習的新篇章。

【申請國際學校】

　　泰國的國際學校大多採用與其課程體系相對應的申請程序，如美式課程體系的學校就遵循美國的申請流程，英式課程體系的學校就遵循英國的申請流程等。儘管如此，大部分國際學校的申請步驟大致相似。以下是申請國際學校的關鍵步驟：

Step 1：選擇合適的學校

- 考慮學生的年齡、學習能力、語言水平等因素來選擇。

- 研究學校的課程設計、師資團隊、教學設施、學費等方面的資訊。

- 透過學校官網、教育展、教育中介等管道深入了解。

Step 2：準備申請資料

- 填寫入學申請表，詳細提供基本資訊、教育背景、家庭情況等。

- 提交學歷證明，如成績單、畢業證書等，須提供經公證的中英文版本。

- 提交語言成績，例如托福（TOEFL）、雅思（IELTS）等，須達到學校規定的最低分數。

- 提供護照影本及照片，用於辦理入學手續和簽證申請。

- 部分學校可能需要提供推薦函、個人陳述（personal statement）等補充資料。

Step 3：遞交申請及後續流程

- 按照學校要求的方式（郵寄或線上申請）提交完整的申請資料。

- 耐心等待錄取通知，通常需要 2 ～ 4 週的處理時間，一旦被錄取，學校就會寄發錄取通知書。

- 在規定時間內支付學費和其他相關費用，辦理入學註冊手續。

- 申請非移民 ED 簽證（Non-Immigrant ED Visa），學校會提供必要的協助與文件。

Step 4：入學前的準備工作

- 辦理簽證、購買機票、安排在泰國的住宿等事項。

- 了解學校的校規、生活方式、文化差異等，提前做好適應準備。

- 參與新生說明會（orientation），熟悉校園環境、認識新同學。

【申請大學】

與申請國際學校略有不同，泰國大學的申請流程，在申

請時間和資料要求方面有其特殊之處。以下是申請泰國大學的相關步驟：

Step 1：選擇目標大學和專業

- 根據個人興趣、學習能力、語言水平等因素，選擇心儀的大學和專業。
- 綜合考慮學校的學術聲譽、師資團隊、就業前景、學費等因素。
- 透過大學官網、教育展、教育中介等途徑，收集資訊。

Step 2：準備申請所需資料

- 填寫入學申請表，詳細填寫個人基本資訊、教育背景、家庭情況等。
- 提交高中畢業證書和成績單，須提供經公證的中英文版本。
- 提交語言成績，如托福、雅思等，須達到學校規定的最低分數。
- 部分大學可能要求提供推薦函、個人陳述、獎學金申請等補充資料。

- 提供護照影本及照片，用於辦理入學手續和簽證申請。

Step 3：遞交申請及錄取流程

- 泰國大學一般在每年的 11 月至次年 4 月接受申請，具體時間以各大學官網公布為準。
- 按照學校要求的方式提交完整的申請資料。
- 等待學校的錄取通知，通常需要 1 ～ 2 個月的處理時間，一旦被錄取，學校就會寄發錄取通知書。
- 在規定時間內支付學費和其他相關費用，辦理入學註冊手續。
- 申請非移民 ED 簽證，學校會提供必要的協助與文件。

Step 4：入學前的準備工作

- 辦理簽證、購買機票、安排在泰國的住宿等事項。
- 了解學校的校規、生活方式、文化差異等，提前做好適應準備。
- 參與新生說明會，熟悉校園環境、認識新同學。

【申請須知與共同注意事項】

無論申請國際學校或大學，以下是共同注意事項：

語言能力要求：

- 泰國國際學校和大學普遍要求學生具備一定的英語水平，部分學校還要求泰語能力。

- 申請時須提交語言成績，如托福、雅思等，成績須達到學校規定的最低要求。

- 如語言成績不達標，可先修讀學校提供的語言課程，提高語言水平後再申請。

申請截止日期：

- 國際學校的申請時間較為靈活，一般可在入學前 3 ～ 6 個月提交申請。

- 大學的申請時間較為固定，通常在每年的 11 月至次年 4 月，需留意申請截止日期。

- 部分熱門專業的申請截止日期可能提前，建議盡早準備申請資料。

申請費用預算：

- 申請國際學校和大學都需支付一定的申請費用，金

額因學校而異，一般在 2,000 ～ 5,000 泰銖。

● 申請費通常不予退還，即使未被錄取也不退。

● 除申請費外，還須支付簽證費、體檢費、資料公證費等，加總起來可能需 5,000 ～ 10,000 泰銖。

獎學金申請機會：

● 泰國國際學校和大學提供多種獎學金，主要分為學校獎學金和政府獎學金兩類。

● 學校獎學金通常根據學業成績、語言水平、才藝特長等因素評定，獎學金種類和金額因學校而異。

● 政府獎學金則有泰國政府提供的皇家獎學金（Royal Thai Government Scholarship），以及台灣教育部提供的海外就讀獎助方案，名額有限，競爭激烈。

● 申請獎學金須額外準備申請資料，如個人陳述、推薦函等，建議提前了解申請獎學金的要求，做好充分準備。

● 如在申請過程中遇到困難，可尋求學校招生單位或教育代辦協助。

EEC 的綜合基礎設施

　　東部經濟走廊（Eastern Economic Corridor，EEC）的發展，是指在泰國北柳、春武里、羅勇三府設立經濟特區，此為泰國 4.0 計畫的核心，旨在將國家轉變為創新、高附加價值的產業，有 12 個目標產業，分別是：新世代汽車、智慧電子、先進農業與生物科技、食品創新、高端醫療旅遊、自動設備與智慧機械、物流與航空、醫療照護、生物燃料與生物化學、數位科技物聯網、國防與教育發展。EEC 發展計畫已整合到 20 年國家戰略中，以下將簡單介紹：

【基礎設施】

　　帶來的好處是可減少旅行所需時間、降低物流成本、帶來更便捷的連接性、增強商業和貿易的能力。

● 機場快線系統

將透過機場快線，連結三個主要國際機場（廊曼機場、素萬那普機場和烏塔保機場），為旅客提供快速便捷的旅行（從頭到尾不到一小時）。時速為 250 公里，該系統包括 9 個停靠站，預計運營年份為 2025 年。

● 烏塔保國際機場

現有的烏塔保國際機場將進行翻新和擴建，建設第二跑道和第三航廈，區域內建構空貨櫃場、維修中心（MRO）和航空培訓中心，也規劃保稅區（自由貿易區）及綠地開發項目，邀請企業進駐，共創價值。升級後的烏塔保國際機場將成為曼谷的第三個國際機場，並將定位為 EEC 與亞洲主要合作夥伴之間的航空樞紐。

● 林查班港與瑪普塔普工業港第三期擴建案

林查班港口的第三期開發工程，預計第三階段完工後，將具備自動化設施和先進技術，能擴大港口吞吐量，目標是成為亞洲海運交通樞紐之一；而位於羅勇省瑪普塔普工業園區，第三期發展將致力於開拓裝卸液化天然氣和液體石油化工產品泊位，以及相關工程。

● 城際高速公路與雙軌鐵路

7 號城際高速公路和其他公路項目的擴展，不僅能節省寶貴的通勤時間、降低物流成本，還能促進 EEC 區域內的投資活動；新建的雙軌鐵路將穿越重要的工業區和物流中心，連結曼谷周邊的三大港口，強化交通網絡。

【數位設施】

泰國政府在春武里工業園區發展數位園區計畫，期盼吸引高科技與數位經濟相關產業進駐，例如自動設備與數位機械產業，協助發展泰國 4.0 計畫等等。

【智慧城市】

智慧城市計畫的發展目標，聚焦在解決居民的生活問題，提高生活品質，以智慧環境、智慧交通、智慧生活、智慧經濟、智慧能源、智慧公民、智慧政府為發展目標。目標是在 2036 年以後，發展成世界前 10 大的智慧城市。

【投資獎勵制度】

　　EEC 計畫預計將曼谷東部打造成貿易及產業重鎮，政府推出了多項外資優惠措施，以下簡單說明。

● 稅收優惠

✓ 對獲批准項目的淨利潤，免徵企業所得稅（CIT）。

✓ 對獲批准項目的淨利潤，減免企業所得稅。

✓ 在企業所得稅免稅期間發生的年度損失，可以從企業所得稅免稅期後累計的淨利潤中扣除。

✓ 可從淨利潤中扣除獲批准項目的投資資本。

✓ 運輸、電力和供水成本的雙重扣除。

✓ 可從淨利潤中扣除，在獲批准項目中安裝或建造設施的成本。

✓ 對股息免徵應稅所得。

✓ 對商譽、版權和其他權利的費用免徵應稅所得。

✓ 對機械、研發用材料進口、轉口貨物及業務中指定使用的原材料和必需材料，免徵或減免進口關

稅。

✓ 免徵出口關稅。

● 非稅收優惠

✓ 在推廣區擁有土地。

✓ 在 EEC 區域擁有公寓。

✓ 將勞動力引入國內並居住。

✓ 獲得 EEC 工作許可。

泰國房產投資新選擇：
商用房地產投資

　　Dr. Selena 近期發現，除了投資泰國小資宅外，其實泰國商用房地產也是大家可以研究的投資標的，泰國商用不動產市場涵蓋辦公、零售、工業與物流、酒店等多個領域。市場前景看好，預計 2024 年規模將達 170 億美元，到 2029 年有望增長至 227.2 億美元，年增長率約為 5.97 %。2024 年市場表現預期強勁，主要得益於旅遊業的復甦、製造業的擴張，以及投資者對優質和可持續資產需求的顯

圖片來源：美思國際房地產

著增加。

2023 年的數據凸顯了泰國房地產市場的活力。目標製造業投資與去年同期相比增長 66％，旅遊人數超出政府預期，增長 152％，推動酒店業強勁復甦。曼谷中央商務區的優質辦公空間需求旺盛，特別受到跨國公司的青睞。

泰國商用房地產市場，成長趨勢驚人

1. 製造業的增長推動工業地產需求

製造業的增長正推動工業地產需求上升。泰國工業區管理局的數據顯示，2023 財年工業用地銷售量與去年同期相比飆升 182％，達到 5693 萊。這一增長不僅歸功於外國生產設施向泰國遷移，還得益於政府的投資促進政策。東部經濟走廊（EEC）的投資，以及允許外國人居留 10 年的長期簽證政策，也起到了積極作用。EEC 涵蓋 Chon Buri、Rayong 和 Chachoengsao 的部分地區，正在打造成為高科技產業中心，包括新一代汽車生產和智能電子產品。

2. 小資投資者也能輕鬆入手投資泰國商用不動產

儘管商用房地產投資通常需要大量資本，主要面向企

業或大型投資者，但 2023 年泰國出現了一些面向小型投資者的新機會。Gemopolis 工業園區開發了長期租賃的商業建築，為泰國和外國小資投資

者提供租賃小單位辦公空間，並出租給企業租戶，以獲得高投資回報的機會。

唯一允許外國企業設立 100%外資公司的辦公空間

Gemopolis 工業園區距離素萬那普機場僅 11 公里，作為免稅工業區運營，得到了公共部門的官方支持。該園區是來自 30 個國家的 200 多家企業的製造基地，包括全球珠寶品牌、電腦晶片製造商和醫療設備製造商。

1. Gemopolis 工業園區如何為外國企業提供特權？

Gemopolis 工業園區為外國企業提供了獨特的優勢。外國投資者可以擁有 100% 的股權，進口產品、半成品、機械和工具免稅，國內購買的商品增值稅（VAT）為零稅率。最引人注目的是，它是泰國唯一允許外國投資者，在無需製造產品的情況下，註冊 100% 公司所有權的工業園區。

2. 如何聰明投資 Gemopolis 工業園區，成為商用房地產資產的房東？

2024 年第三季度，Gemopolis 工業園區首次宣布，為投資者提供在免稅區內租賃辦公空間的機會，租期為 30 年，可續約延長 30 年。投資者可以將其出租給尋求註冊 100% 外資公司的外國投資者。這種投資的年淨回報率有機會高達 8.3%，超過曼谷所有其他住宅房地產項目。租戶需要簽署 3 年期的租賃合同，並提前支付 24 個月的租金。最低投資額約為每單位 390 萬泰銖，為小型投資者提供了難得的商用房地產投資新機會。

　　* 國外不動產投資具風險，請詳閱資料並審慎考量後再行交易。

LTR 簽證相關說明

泰國長期居留簽證（LTR VISA）

泰國推出了一種名為「長期居留（LTR）簽證」的新簽證，該計畫提供一系列稅收和非稅收優惠，以提升該國作為高潛力個人生活和經商之區域樞紐的吸引力。

特別權利 ＼ 簽證類型	富裕全球公民 Wealthy Global Citizen	富裕退休人員 Wealthy Pensioner	在泰國遠程工作的專業人士 Work-from-Thailand Professionals	高技能專業人士 High-Skilled Professionals
10 年 * 可續簽簽證：首次允許在泰國居留 5 年，符合資格者可再延長 5 年。	✓	✓	✓	✓

（接下頁）

泰國國際機場快速通道服務。	✓	✓	✓	✓
多次入境許可。	✓	✓	✓	✓
90 天報告延長至 1 年報告，並免除再入境許可。	✓	✓	✓	✓
免除 4 名泰國人對 1 名外國人的就業要求比例。			✓	✓
在泰國工作的許可（數位工作許可證）。			✓	✓
高技能專業人士的個人所得稅為 17%。				✓
海外收入免稅。	✓	✓	✓	✓

A. 富裕全球公民簽證要求

- 擁有至少 100 萬美元的個人資產。
- 過去兩年平均年收入至少 80,000 美元。

- 投資於泰國政府債券、泰國註冊公司的直接投資或泰國房地產，至少 500,000 美元。

- 擁有至少 50,000 美元的健康保險，或者在泰國獲得社會保障福利，或在過去 12 個月內在個人名下的銀行帳戶，保持至少 100,000 美元的存款。

B. 富裕退休人員簽證要求

對象：年齡 50 歲及以上，且擁有年金或穩定被動收入的退休人員。

- 申請時至少 80,000 美元的未賺取或被動收入 *（注意：賺取的收入和工資，將不被考慮在富裕退休人員的個人收入要求內）。

- 如果未賺取或被動收入低於 80,000 美元，但不少於 40,000 美元，申請人需要額外投資 250,000 美元，這些投資可包括泰國政府債券、泰國註冊公司的直接投資或泰國房地產。

- 擁有至少 50,000 美元的健康保險、在泰國獲得社會保障福利，或在個人名下的銀行帳戶，保持至少 100,000 美

元的存款不低於 12 個月。

• 未賺取或被動收入包括但不限於養老金、租金、資本收益、股息和利息支付。

C. 在泰國遠程工作的專業人士簽證要求

對象：為知名海外公司工作的遠程工作者。

• 過去兩年平均年收入至少 80,000 美元。

• 如果平均年收入低於 80,000 美元，但不少於 40,000 美元，申請人必須提供額外的資格證明文件，例如碩士學位或以上的證書。

• 與上市公司或運營至少 3 年的私人公司簽訂的就業合同，該公司在過去 3 年的最低總收入為 1,500 萬美元。

• 在過去 10 年內，至少有 5 年在相關領域或專業領域的工作經驗。

• 擁有至少 50,000 美元的健康保險、在泰國獲得社會保障福利，或在個人名下的銀行帳戶，保持至少 100,000 美元的存款不低於 12 個月。

D. 高技能專業人士簽證要求

對象：在泰國的商業實體、高等教育機構、研究中心或專業培訓機構工作的目標行業之專業人士或專家。

- 過去兩年平均年收入至少 80,000 美元。

- 對於在泰國政府機構工作的申請人，此簽證類型的最低個人收入要求不適用。

- 如果平均年收入低於 80,000 美元，但不少於 40,000 美元，申請人必須提供額外的資格證明文件，例如科學和技術碩士學位或以上的證書。

- 與活動範圍符合目標行業的泰國或外國公司簽訂的就業合同，或申請人必須提供 BOI 指定領域的專業證明。

- 在過去 10 年內，在指定目標行業至少 5 年的工作經驗。擁有博士或以上學位的申請人，和在泰國政府機構（包括公立高等教育機構、研究機構和專業培訓機構）工作的申請人不受此要求限制。

- 擁有至少 50,000 美元的健康保險、在泰國獲得社會保障福利，或在個人名下的銀行帳戶，保持至少 100,000 美元的存款不低於 12 個月。

外國人如何獲得工作許可？

如果你認為泰國是夢想國度，並且是希望長期居於此的外國人之一，那麼在泰國工作，就是最可取和最實際的選擇之一。每位在泰國工作的外國人都必須持有工作許可證，這允許你在泰國行使作為員工的權利和福利。在你決定搬遷到這個美麗的國家之前，了解獲取工作許可證和工作簽證的基本知識與要求，將對你有所幫助，以確保你在泰國的生活合規，並能好好享受生活。

● 泰國工作簽證和工作許可證的區別

在某些國家，工作簽證可能與工作許可證具有相同含義，但在泰國並非如此。外國人可能會感到困惑，認為一旦獲得工作簽證，他們就可以開始工作，而不必經過其他流程，這是錯誤的觀念。在泰國合法工作的外國人，需要同時擁有工作簽證和工作許可證。

工作簽證是所有計畫在泰國工作的非泰國公民，所需要的簽證，應從他們的原籍國申請。有多種類型的簽證，允許外國人在進入泰國後申請工作許可證，如非移民 B 簽證、泰國婚姻簽證等。工作簽證由泰國皇家大使館或領事館簽發，正式簽證文件將附在護照上。

工作許可證是外國人持有適當的工作簽證，進入泰國後所獲得的法律文件。它由勞工部簽發，概述了外國員工的職業、職位和聘用公司。這種許可證允許非泰國公民，能在泰國合法從事工作或開展業務。

● 工作簽證的類型

如前所述，有多種非移民簽證允許外國人在泰國工作，必須選擇最適合自己狀況和工作類型的簽證類型。在泰國進行任何業務活動之前，建議先查看《外國業務法》規定的外國人禁止從事的工作活動。以下是外國人可以申請用於工作相關目的的非移民簽證類型：

1. 非移民 B 簽證（商務簽證）

這是最常見的工作簽證類型，適用於在泰國作為員工工作，以及希望在泰國開展業務的外國人。外國人應在其原籍

國申請非移民 B 簽證，該簽證通常允許外國人在泰國停留 90 天。一旦在這 90 天內獲得工作許可證，外國人可以在泰國申請一年的非移民 B 簽證，並得到公司的協助。

2. 非移民 B-A 簽證（商務批准簽證）

這種類型的簽證通常授予在泰國投資業務的人員。泰國的相關公司，可以代表外國投資者協助辦理簽證。該簽證有效期為一年。該簽證的簽發並不常見，通常取決於大使館或領事館的酌情權。

3. 非移民 IB 簽證（投資和商務簽證）

非移民 IB 簽證，適用於計畫為泰國投資委員會（BOI）促進的公司或項目工作的外國人。這些是 BOI 批准的有助於促進泰國經濟利益的項目。

4. 非移民 M 簽證（媒體簽證）

這種類型的簽證適用於計畫在泰國從事媒體行業工作的外國人，如電視、電影或在線媒體。根據外國人將從事的具體媒體工作，可能需要相關部門的批准。

5. 非移民 O 簽證（陪伴家庭成員）

如果獲得工作簽證的外國人，希望攜帶其配偶或家庭成

員來泰國，陪伴家庭成員應取得非移民 O 簽證。這種類型的簽證還授予從事志願工作、與泰國公民結婚，以及退休的外國人。

6. 智慧簽證（Smart Visa）

智慧簽證是一種新類型的簽證，簽發給擁有特定技能和經驗的外國專業人才、外國投資者、初創企業家、主管及其家屬。這些高技能專業人士必須在生物技術、智慧電子、生化等目標行業工作。獲得智慧簽證的人員可以在泰國停留 4 年，並享有特殊待遇，包括免除工作許可證的要求。

● 獲得泰國工作許可證的要求

有意在泰國工作的外國人應注意，並非每個商業實體都能為外國員工提供工作許可證。公司和外國專業人員都必須符合某些條件，才能申請工作許可證。公司的一般要求包括：

✓ 在泰國正式註冊為法人實體。

✓ 每個工作許可證至少需要 200 萬泰銖的註冊資金。

✓ 每個工作許可證至少雇用 4 名泰國國民。

✓ 對於海外註冊的公司，每個許可證需要至少 300 萬

泰銖的註冊資金。

如果公司受到 BOI 和 IEAT 的支持，可以豁免這些要求。但公司必須向 BOI 和 IEAT 解釋，為何需要外國員工參與該項目。申請工作許可證的外國個人，也必須符合某些資格，包括：

✓ 適當類型的非移民簽證。

✓ 來自泰國公司的正式工作邀請。

✓ 與所從事工作相關的教育背景和工作經驗。

✓ 身體健康，無重大疾病或成癮。

● 申請工作許可證所需文件

在大多數情況下，雇主將負責提交工作許可證申請，這可以在外國員工進入泰國之前或之後完成。然而，員工必須親自到場領取工作許可證。每份原始文件的副本必須簽署。此外，如果文件不是英文，某些可能需要翻譯成泰文，因此建議提前準備這些文件（請見下頁表格說明）。

● 工作許可證申請流程

一旦準備好所有文件，外國員工或公司需要向勞工部提交工作許可證申請文件。然而，如果公司受到 BOI 的支持，

公司需提交的文件	✓ 工作許可證申請表 ✓ 公司註冊證書和股東名單 ✓ 增值稅證書及報稅文件 ✓ 社會保險付款表格 ✓ 公司與外國員工之間的雇傭合同
外國員工需提交的文件	✓ 原始護照及非移民簽證頁、最新入境頁和個人信息頁的副本 ✓ 前雇主的工作經驗證明副本 ✓ 教育證書或學位副本 ✓ 最近發行的健康證明 ✓ 三張 3×4 厘米的照片（拍攝不超過 6 個月） ✓ 其他相關證書和許可證

則需要先通過 BOI 系統申請批准，然後在一站式服務中心辦理工作許可證。

步驟 1：申請適當的非移民簽證

如前所述，要獲得工作許可證，外國專業人員必須首先擁有，允許非泰國公民在泰國工作的非移民簽證。該簽證可以在外國人進入泰國之前，在泰國駐其原籍國的大使館申請。如果外國人已經持旅遊簽證在泰國，則必須將旅遊簽證

轉換為非移民簽證。這種類型的簽證有效期為 90 天，獲得工作許可證後可以延長。申請非移民簽證所需的文件可能因大使館的條件而異。以下是一般需要的文件：

✓ 非移民簽證申請表。

✓ 來自泰國實體公司的工作邀請。

✓ 有效期至少 6 個月的原始護照。

✓ 公司與外國員工之間的僱傭合同。

✓ 聘用公司提供的說明工作詳情的邀請信。

✓ 大使館或領事館要求的其他文件。

步驟 2：申請工作許可證

工作許可證申請，應在申請人的非移民簽證到期前 90 天內完成。官方工作許可證將由勞工部簽發給外國員工。聘用公司和外國員工都必須符合勞工部規定的資格，才能申請工作許可證。符合某些要求或在 BOI 支持的公司提交的申請，可以在一站式服務中心申辦，一日內將獲得批准。

步驟 3：工作許可證批准

一旦提交所有申請文件，申請人將收到一張通知單，說明何時可以領取許可證。領取當天，外國申請人必須攜帶原

始護照，親自前往勞工部領取工作許可證。如果在曼谷提交，該流程通常需要 7 ～ 10 個工作日。若在普吉島提交，可能需要長達 2 個月。需要注意的是，工作許可證的有效期最多為一年，需進行延長。對於 BOI 支持的公司，情況則有所不同。獲得工作許可證後，外國員工必須將簽證從 90 天延長至至少一年。

● 泰國工作許可證規則

1. 誰必須持有工作許可證？

法律規定，所有外國人在泰國開始工作之前，必須獲得工作許可證。

2. 免除情況

以下身分的外國人，在泰國履行職責時不需要工作許可證：

- ✓ 外交使團成員。
- ✓ 領事機構成員。
- ✓ 聯合國組織和專門機構的成員國代表和官員。
- ✓ 專為上述第 1、第 2 或第 3 項中列舉的人員工作的外國僕人。

✓ 根據泰國政府與外國政府或國際組織之間的協議，在泰國執行任務的人員。

✓ 為泰國的教育、文化、藝術或體育利益，進入泰國履行任何職責或任務的人員。

✓ 經泰國政府特別允許，進入泰國並履行任何職責或任務的人員。

3. 特殊情況

根據移民法，對於臨時進入泰國從事「緊急和必要性工作」的外國人，可免除工作許可證要求，期限不超過 15 天。然而，這些外國人只能在提交並接受由外國人簽署，並由其雇主認可的書面通知後開始工作。這類外國人可以持任何類型的簽證進入泰國，包括過境簽證。「緊急和必要工作」的術語未明確定義，因此這類豁免的發放取決於行政酌情權。

4. 投資促進

根據投資促進法，尋求在泰國工作許可的外國人，必須在進入泰國後 30 天內提交工作許可申請；如果外國人已在泰國境內，則從被授予許可之日起算 30 天。在申請處理期間，這類外國人可以從事許可的工作。

● 如何在泰國申請工作許可證？

外國人必須持有非移民商務簽證，並有潛在雇主。他需要向外國人職業控制部門提交工作許可證申請。如果工作地點在曼谷以外的省份，申請必須在省勞工辦公室提交。雇主可以在外國員工進入泰國之前，代表其提交工作許可證申請。這種情況越來越常見，因為大多數泰國海外領事館，在考慮簽發非移民商務簽證給外國人時，要求簽證申請人提供由外國勞工管理辦公室簽發的工作許可證批准函，和其他多份文件。實際的工作許可證，將在外國人持適當簽證進入泰國，並提交更多文件，以領取工作許可證後簽發。

● 有資格申請工作許可證的外國人資格

✓ 持有泰國居留權或根據移民法有臨時居留許可（即非遊客或過境旅客）。

✓ 不申請《皇家法令 B.E. 2522（1979）》規定的 39 種保留職業中的任何一種工作。

✓ 具有從事工作所需的知識和／或技能。

✓ 不精神失常或精神病。

✓ 無痲瘋病、肺結核、毒癮、酗酒和象皮病。

✓ 在申請工作許可證前一年內，未因違反移民法或外國人就業法被判入獄。

● 誰可以為外國員工提供工作許可證的擔保？

持有泰國大多數股份的泰國有限公司，每個工作許可證必須至少有 200 萬泰銖的實收資本。如果大多數股權由外國人持有，則每個工作許可證的實收資本，必須至少 300 萬泰銖。

在泰國運營的外國企業（美泰條約公司或外國公司的代表處或分公司）必須提供證據，顯示根據《外國業務法》要求的最低資本額 300 萬泰銖，已進入泰國。如果外國員工與泰國國民結婚，擔保工作許可證所需的上述資本額便減少50％。

● 工作許可證的有效期

工作許可證簽發為期一年，之後每年可續簽。如果外國人的僱傭期少於一年，工作許可證將不會超過申請的期限。授權官員可以根據完成工作的需要，授予外國人工作許可證，但不超過一年。

OHDC0113

泰國投資完全攻略

跟著 Dr. Selena 投資泰國房地產、ETF、養老生活，提早實現財富自由

作　　　者：Dr. Selena 楊倩琳博士、林思妤（Maggie）
責任編輯：林宥彤
封面設計：比比司設計
內頁排版：顏麟驊

總 編 輯：林麗文
主　　編：蕭歆儀、賴秉薇、高佩琳、林宥彤
執行編輯：林靜莉
行銷總監：祝子慧
行銷經理：林彥伶

出　　　版：幸福文化出版／遠足事業股份有限公司
地　　　址：新北市新店區民權路 108-2 號 8 樓
粉 絲 團：https://www.facebook.com/
　　　　　happinessbookrep/
電　　　話：（02）2218-1417
傳　　　真：（02）2218-8057

發　　　行：遠足文化事業股份有限公司（讀書共和國集團）
地　　　址：231 新北市新店區民權路 108-2 號 9 樓
電　　　話：（02）2218-1417
傳　　　真：（02）2218-1142
電　　　郵：service@bookrep.com.tw
郵撥帳號：19504465
客服電話：0800-221-029
網　　　址：www.bookrep.com.tw

法律顧問：華洋法律事務所蘇文生律師
印　　　刷：呈靖彩藝有限公司

初版 1 刷：2024 年 9 月
定　　　價：498 元

國家圖書館出版品預行編目資料

泰國投資完全攻略：跟著 Dr. Selena 投資泰國房
地產、ETF、養老生活，提早實現財富自由／Dr.
Selena 楊倩琳博士、林思妤（Maggie）著.--初
版.--新北市：幸福文化出版社出版：遠足文化事業
股份有限公司發行，2024.9
320 面；17×23 公分
ISBN　978-626-7427-99-6（平裝）
1.CST：國外投資　2.CST：泰國

563.528　　　　　　　　　　　　　　　113009706

BOOK REPUBLIC
讀書共和國出版集團